Les premières aventures du roi Arthur

CAMILLE SANDER

Les premières aventures du roi Arthur

D'après *Le Chevalier au Papegau*, roman du XIVe siècle

Illustrations de Frédéric Sochard

Retrouvez un index en fin d'ouvrage.

Castor Poche Flammarion

Carte du domaine celtique

Avant-propos

Il était une fois... un roi nommé Arthur! Il était une fois une Table Ronde autour de laquelle se rassemblaient les plus prestigieux chevaliers du roi, toujours en quête d'« aventures ». Durant tout le Moyen Âge, le roi Arthur, la Table Ronde et les aventures furent des mots magiques qui suscitèrent une attention fascinée dans les cours des rois et seigneurs de l'Europe entière. La légende du roi Arthur et celle du Graal, qui lui est attachée, ont nourri de nombreux récits dont l'origine se situe dans un espace géographique entouré de mers: l'Irlande, le pays de Galles, la Cornouaille et l'Armorique, l'espace des Celtes. Le «roman breton », souvent appelé « roman arthurien» à cause du prestige du roi, utilise de nombreux motifs et thèmes merveilleux du folklore et de la littérature celtiques.

Le premier romancier en langue française est Chrétien de Troyes, le célèbre auteur de cinq romans écrits entre 1171 et 1190. Yvain ou le Chevalier au Lion *et* Perceval ou le Conte du Graal *sont particulièrement connus. Au XII*[e] *siècle on écrivait encore la plupart du temps en latin : lorsqu'on utilisera au Moyen Âge le terme « roman », il s'agira d'abord d'un récit écrit dans la langue parlée par tout le monde. Mais bien vite le « roman » devient un genre littéraire qui fait une large place aux histoires d'amour, alors que la chanson de geste, qui a pour héros Roland, Olivier et Charlemagne, s'attache essentiellement aux luttes contre les Sarrasins.*

Chrétien de Troyes et les romanciers qui s'en inspirèrent, comme l'auteur du récit Les Premières aventures du roi Arthur, *sont souvent des créateurs habiles à se servir à la fois des manuscrits qu'ils ont pu lire et des contes qu'ils ont pu entendre, ces récits d'aventures diffusés par des conteurs qui circulaient dans la région des côtes celtiques et sur le continent, particulièrement en Armorique.*

L'aventure *est le mot-clé de cette littérature, la quête des aventures en est le moteur essentiel. Ces aventures s'accomplissent pour mériter l'amour des dames, mais la quête va bien au-delà : elle est véritablement l'idéal du chevalier. Chacun des romans de Chrétien de Troyes et ceux des clercs qui continuèrent à écrire des romans jusqu'au* XVe *siècle, d'abord en vers puis en prose, relatent de façon enthousiaste et dynamique les nombreuses aventures des chevaliers d'Arthur. Un certain nombre d'entre eux jouiront d'une réputation étonnante : Gauvain, par exemple, toujours prêt pour le coup d'épée, toujours disposé à courtiser les dames et demoiselles. Perceval est également un héros très aimé des publics du Moyen Âge. Encouragés par ce succès, les clercs, qui écrivaient pour les seigneurs des cours, n'hésitèrent pas à inventer d'autres héros, liés aux grands chevaliers de la Table Ronde. Ainsi Gauvain fera-t-il la connaissance de son fils, Guinglain, qui, pendant longtemps, avant de découvrir à son tour qui est son père et qui est sa mère, se présentera comme le « Bel-Inconnu », nom donné par le roi Arthur. Ainsi, tous les romans qui parlent des aventures de la Table Ronde évoquent le cadre de la cour d'Arthur, jeune souverain respecté et plein de sagesse.*

Les contes d'origine celtique reposent sur des thèmes très riches : le voyage des mortels vers un autre monde féerique, les navigations mystérieuses, la quête d'objets magiques, la recherche de lieux où pèsent des coutumes redoutables que font respecter des créatures fantastiques. Comme bien des romans en vers, le roman qui relate les premières aventures du roi Arthur, diffusé sous le nom médiéval du Chevalier au Papegau *(appelé ici l'« Oiseau Merveilleux ») fait grand usage de ce fonds de légende : un arbre aux pouvoirs magiques, des forêts mystérieuses, un Pont Périlleux, des adversaires géants, un dragon sous l'apparence d'un serpent, forme que le Moyen Âge a volontiers représentée, enfin des créatures à peine humaines, comme le « Chevalier-Poisson », terme désignant le monstre dans le texte en ancienne langue.*

Le récit consacré aux aventures du jeune roi Arthur a pour modèle Le Chevalier au Papegau, *roman anonyme de la fin du* XIVe *siècle. Le roi Arthur y apparaît comme un jeune chevalier qui n'a pas encore accompli d'aventure, et qui, porté par la parole de Merlin dans* Le Livre des Prophéties, *va à la rencontre des exploits. Il répond à l'appel des dames en détresse, il sauve des êtres soumis à une malédiction, il est le rédempteur des royaumes. Son rôle essentiel apparaît particulièrement lors de la singulière aventure qui lui fait affronter un chevalier sorti de la mer, qui ravage les terres de la belle Dame aux Cheveux Blonds. Arthur est vainqueur, il découvre que le chevalier et le cheval, recouverts de la même peau, forment un seul être, comme une sorte de centaure. Le monstre est écorché et sa peau est exposée aux yeux de tous dans l'Amoureuse-Cité : un prodige de l'univers. Au terme d'une navigation pleine de dangers, Arthur parvient sur une île déserte où il découvre un nain, père d'un géant. Puis il décide de rentrer à la cour, où tous l'attendent et se réjouissent de son retour. Dames et demoiselles lui accordent leurs regards. Arthur rentre comblé, il est alors reconnu comme un jeune roi remarquable. La fin du récit est une apothéose.*

Outre l'abondance des motifs merveilleux et même fantastiques, on s'intéressera à l'invention sans cesse renouvelée des écrivains médiévaux, invention qui mène à attribuer à Arthur un temps d'adolescence, alors que les romans de Chrétien de Troyes montraient Arthur en souverain bien installé. Ici Arthur devient un tout jeune roi, qui doit prouver son mérite et, en conséquence, répondre à l'appel de l'aventure, ce que feront à sa suite les bons chevaliers de sa cour, Yvain, Lancelot et bien d'autres. Le roman que vous allez lire est en effet consacré à la jeune gloire du roi Arthur. Comme ce roman en prose a été écrit bien après les premiers romans de Chrétien de Troyes, à la fin du XIVe *ou même au début du XV*[e] *siècle, il témoigne combien les récits arthuriens ont été célébrés et aimés. Bien évidemment, nous le savons par le nombre des manuscrits qui circulèrent durant quelques siècles, mais ici on nous fait lire ce que l'on appelait les «Enfances» d'un héros, c'est-à-dire les premiers exploits d'un très jeune homme. En revendiquant pour lui-même la première des aventures qui survient à sa cour, Arthur affirme qu'il veut donner l'exemple des hauts faits que ses chevaliers iront, à sa suite, accomplir. Comme s'il voulait incarner le modèle des actes magnifiques que ses chevaliers devront imiter, à son exemple.*

Les actes du jeune roi sont constamment guidés par le souvenir de la voix de l'enchanteur Merlin qui avait prophétisé la grandeur à venir, et dont vous verrez l'importance du rôle pour l'extraordinaire naissance du jeune Arthur. Comme dans ce récit Arthur ne cesse d'accomplir des actes admirables, sa valeur et son courage sont célébrés par la voix d'un oiseau magique qui l'accompagne dans sa quête. Les oiseaux magiques sont connus de la littérature du Moyen Âge : dans le Lai de l'Oiselet, *l'oiseau merveilleux est le maître d'un verger dont les fleurs ne meurent pas, il parle et détient la sagesse. Mais ici, dans ce petit roman, l'oiseau magique devient un personnage à part entière, du début du récit jusqu'à la fin. Il commente, conseille, menace et exerce une influence sur les personnages qui l'écoutent, et surtout il a pour fonction essentielle de témoigner des exploits qui se sont déroulés sous ses yeux. Ainsi, Arthur, cachant son véritable nom, se présentera comme le «Chevalier à l'Oiseau Merveilleux». En ancienne langue cet oiseau est appelé « papegau », ce qui est l'équivalent d'un perroquet : pour les lecteurs et auditeurs du Moyen Âge, il s'agit d'un oiseau venu d'Orient, qui éblouit les yeux par son plumage aux couleurs chatoyantes. L'oiseau magique a toutes les qualités de la société courtoise, telle que les lecteurs du Moyen Âge aimaient en rêver : il est très habile dans l'art de parler, il invente des mots et des chants qui accompagnent le jeune roi et qui encouragent le désir amoureux, il est perspicace et devine tous les élans du cœur. Cette amitié entre le héros et un animal extraordinaire est complétée par la fidèle présence d'un nain qui porte la cage splendide, demeure de l'oiseau.*

Ce petit récit nous apprend que le roman « arthurien » jouissait d'une vogue sans pareille, et en effet, dès le XIII*e* *siècle, nombreux furent les auteurs qui écrivirent en prose des romans développant à souhait les multiples aventures diffusées par Chrétien de Troyes. L'écrivain du* Chevalier au Papegau, *dont nous ne connaissons pas le nom, montre qu'il a été bon lecteur des romans écrits avant lui. C'est pourquoi il adopte volontiers un ton malicieux en reprenant des épisodes qui avaient été traités sur le mode sérieux par Chrétien de Troyes.*

Exploits guerriers, mais aussi épreuves d'amour dit « courtois », puisque le jeune Arthur est victime de la dureté d'une dame conforme à cet idéal de l'amour qu'on célébrait depuis le XIIe siècle et qui accordait à la dame tout pouvoir sur celui qui voulait lui faire la cour. Lorsque la Dame aux Cheveux Blonds veut éprouver l'amour du jeune Arthur, elle lui impose une épreuve infamante, qu'il accepte par loyauté amoureuse. Tout comme Lancelot, dans un roman de Chrétien de Troyes, avait accepté de combattre en lâche, puisque Guenièvre, la femme aimée, l'exigeait de lui. Pour l'amour, un chevalier doit accepter de risquer son honneur et sa renommée !

L'atmosphère légère et gracieuse du récit est largement due à la constante célébration d'Arthur par l'oiseau qui chante les prouesses de son jeune seigneur, comme les hérauts d'armes sur le champ du tournoi acclamaient les vainqueurs. L'Oiseau Merveilleux est la voix de la louange, et en même temps il est le messager de l'amour, car il encourage l'aveu des sentiments. À quoi s'ajoutent la couardise du nain, qui ne partage pas les qualités chevaleresques et n'a que faire de l'audace et du courage, les naïvetés de Géant sans Nom – dont la taille est due au lait merveilleux d'une licorne qui l'a nourri – qui pose des questions comparables à celles que le jeune Perceval posait aux chevaliers dans la forêt lorsqu'il était encore le jeune homme sauvage sans connaissance des armes et de la beauté d'une armure.

Ce roman résonne de tous les échos qui ont séduit les lecteurs et les auditeurs du Moyen Âge. D'ailleurs le choix même des « Enfances » d'Arthur, du temps de la grande jeunesse, est un clin d'œil à la littérature de l'époque, puisque c'est Arthur lui-même qui est présenté comme un héros en formation, au temps où se forgent les qualités et où se prépare le tempérament. Le jeune homme a parcouru un certain nombre d'étapes, partant en quête de lui-même. Au terme du parcours, il se montre apte à l'amour, parfaitement adapté aux exploits les plus fabuleux, explorateur de mondes inconnus : bref il est digne d'être roi et a mérité la couronne reçue après l'épreuve du Perron.

Évidemment le parcours d'Arthur ne comporte pas de grand drame psychologique, et rien ne permet de le comparer au parcours de Perceval dont on ne saura jamais pourquoi il n'a pas posé la question qui aurait délivré la Terre Gaste. Pourtant une errance chevaleresque – c'est-à-dire une quête – est un apprentissage, et le récit suit habilement la forme d'une boucle : du départ d'Arthur au retour vers sa cour, d'une fête de la Pentecôte à la Pentecôte de l'année suivante. On retrouve la construction des quêtes d'aventure des chevaliers d'Arthur, qui prendront modèle sur leur jeune souverain. On voit se dessiner très nettement le rôle de la cour d'Arthur, centre de ralliement des meilleurs chevaliers du monde. La chevalerie idéale y est ici représentée par le jeune roi lui-même, et ses exploits – comme ce sera le cas pour tous les autres chevaliers – doivent être racontés publiquement. C'est là le rôle de la voix merveilleuse de l'oiseau, compagnon d'Arthur. Aucun fait, aucun acte ne doit rester dans le silence : le fidèle compagnon est là pour diffuser l'admiration que mérite le jeune roi. L'oiseau a pour fonction la parole élogieuse et heureuse, toujours relayée, on le verra, par le rôle de la musique, car c'est une société tout animée par le son que nous voyons en œuvre : chants, danses et caroles, sons des vielles et des harpes. Le monde vivifié par la jeunesse d'Arthur est toujours prêt à chanter et à danser. Et d'une manière originale par rapport aux textes passés, la célébrité de l'ensemble des récits arthuriens, depuis l'époque de Chrétien de Troyes à la fin du XIIe siècle, est ici affirmée avec éclat.

Le texte original d'après lequel a été fait cette adaptation a été publié par Ferdinand Heuckenkamp, à Halle, Niemeyer, en 1897.

Prologue

Au temps où régnait le roi Arthur, sa cour était célèbre dans le monde entier. Le roi Arthur était loué pour sa justice, sa générosité et les dons somptueux dont il comblait ceux qui le méritaient. Il jouissait d'une grande renommée, car ses chevaliers étaient courageux et redoutés. Les plus audacieux se mettaient en chemin pendant les nuits obscures pour chercher des aventures. Ils faisaient route également pendant la journée et chevauchaient sans trêve, solitaires. Il leur arrivait de belles aventures qu'ils pouvaient ensuite raconter. On les appelait des « chevaliers errants »*, c'est-à-dire des chevaliers

* « Errer » au Moyen Âge signifie « faire chemin », « parcourir des espaces ». Ce n'est donc pas un chevalier qui a perdu son chemin, bien plutôt celui qui s'engage sur un chemin. Le chemin des aventures peut avoir des issues très diverses : il comporte des dangers et des énigmes. Un « chevalier errant » est un personnage guidé par un idéal : s'accomplir.

toujours en quête. Tous étaient chevaliers de la Table Ronde, Lancelot, Gauvain, Perceval et tant d'autres. À la cour d'Arthur, on écoutait la façon dont leurs aventures s'étaient déroulées et on les faisait mettre par écrit. Les clercs les rédigeaient sur des feuillets de parchemin afin qu'elles fussent gardées en mémoire et qu'on pût les relire, les faire lire à haute voix et les entendre au fil des siècles.

En effet, on apprenait à la cour des nouvelles étranges et prodigieuses. Tout le monde voulait en entendre parler et connaître les preuves des actes accomplis. C'est pourquoi le noble roi Arthur, réunissait souvent dans ses châteaux les compagnons les plus nobles de son royaume, et les fêtes qu'il organisait à l'occasion de l'Ascension ou de la Pentecôte étaient les plus célèbres du temps jadis. En vérité, le roi Arthur était considéré comme le souverain le plus illustre du monde.

Arthur méritait bien de l'être. Écoutez-moi avec attention ! Je vais vous raconter une très belle histoire. C'est l'histoire du roi Arthur lui-même, et pour commencer vous entendrez parler de sa naissance mystérieuse, de sa jeunesse et de l'épreuve qui lui permit d'être reconnu comme souverain légitime du royaume de Bretagne. Vous allez entendre parler des grands prodiges et des hauts faits d'armes accomplis par Arthur lui-même : vous apprendrez comment, à l'origine, il fut un enfant inconnu, qui sut pourtant mériter la couronne. Mais une fois achevée l'épreuve du Perron, que nul autre ne pouvait accomplir, il ne voulut pas régner sans avoir réussi les exploits qu'il souhaitait voir menés à bien par les chevaliers de sa cour. Ainsi, il voulut lui-même partir en aventure, chercher les énigmes, affronter géants et monstres, délivrer les dames et les demoiselles en détresse, rencontrer un fantôme venu du monde des morts. Il fut accompagné, comme vous l'entendrez bientôt, par un étrange compagnon, un nain tenant une cage où demeurait un oiseau magique. Et cet oiseau savait merveilleusement parler et chanter : son art fut placé au service de la gloire d'Arthur. Au terme d'une année d'aventures, Arthur pensa qu'il était devenu véritablement digne de la couronne qui lui avait été donnée le jour du sacre, et il retrouva sa cour qui l'accueillit dans l'allégresse.

Il fallait que tous se souviennent des exploits d'Arthur : c'est pourquoi le jeune roi fit mettre par écrit le récit des ses aventures, en même temps qu'il confiait à l'oiseau magique le soin de les raconter à qui voulait l'entendre. L'oiseau chantait et célébrait le roi. À cette époque, on écoutait plus volontiers qu'on ne lisait. Et tous ces faits, l'aventure du Chevalier de la Mer, l'aventure du dragon, du tournoi diabolique et du naufrage sur l'Île Déserte, tout fut soigneusement consigné de la main d'un clerc et conservé dans une précieuse armoire*. Bien des années plus tard, cette armoire couverte de poussière fut tirée de l'oubli, et l'on y découvrit ce manuscrit vénérable qui nous a permis de connaître les premières aventures du roi Arthur.

* Dans la société du Moyen Âge, les clercs, qui avaient fait de longues études, étaient les seuls capables d'écrire et de lire, de copier et de composer des textes. Le terme « armoire » est important dans la littérature médiévale : c'est dans une « armoire » que se cachent les secrets du passé sous la forme d'un manuscrit.

1. Une mystérieuse naissance

La naissance du roi Arthur fut la plus mystérieuse des naissances, organisée par Merlin lui-même. Mais l'on ne peut parler de la naissance d'Arthur sans raconter d'abord celle de Merlin !

Merlin était né dans des circonstances bien étranges : en ces temps-là les démons, ennemis de Dieu, s'étaient réunis pour un complot secret. Ils voulaient que naisse un être qui s'opposerait aux desseins de Dieu, et ils voulaient créer un homme qui pourrait tromper les hommes, les entraîner au mal. Leur vœu le plus cher était de faire naître une créature qui serait l'émissaire du monde diabolique*. Les démons tentèrent donc d'engendrer un homme qui duperait toute l'humanité. À cette époque, comme partout et de tout temps, certains hommes se montraient faibles et obéissaient à Satan. D'autres résistaient, aidés par les gens d'Église. Leur arme était la prière, et aucune tentation ne pouvait avoir prise sur eux.

Or une pieuse jeune fille résistait à toute entreprise du diable, alors qu'il avait déjà réussi à séduire ses deux sœurs aînées. Elle alla voir un prêtre afin d'apprendre de sa bouche comment elle pourrait s'opposer aux

* Il s'agit de l'Antéchrist : le monde de Satan, pensaient les clercs du Moyen Âge, était obsédé par le rêve de s'opposer à Dieu. Seul aurait pu affronter Jésus-Christ, fils de Dieu, un homme né dans des conditions mystérieuses, fils d'une femme mortelle et d'un démon.

ruses de Satan. Cette jeune fille menait une vie très sage, et elle ne négligeait jamais les prières, en particulier celle du soir qui apporte la paix aux hommes. Un jour cependant elle se mit en colère contre sa sœur qui l'avait maltraitée, et elle s'endormit, le cœur gonflé de ressentiment. Elle avait omis sa prière. Le diable triompha : cette femme désormais lui appartenait, et comme il pouvait s'accoupler en prenant forme humaine, il la féconda durant son sommeil*. La jeune fille se rendit bien vite compte qu'elle avait été déshonorée. Elle devina qu'elle avait été trompée par le diable et supplia le prêtre de l'aider à sauver son âme. Le prêtre lui conseilla de mener une vie exemplaire, mais que faire ? Elle portait un enfant, fils du diable, et c'était le futur Merlin. La naissance de cet enfant fut dramatique : la jeune fille fut punie et enfermée dans une tour, et dès sa naissance on sut que l'enfant détenait un pouvoir effrayant.

Or le Seigneur savait que la jeune mère n'avait point commis de faute : si le diable

* Les démons qui peuvent prendre forme humaine et visiter les humains s'appellent des « incubes ».

l'avait séduite par la ruse, elle avait tant supplié Dieu de lui pardonner, elle s'était montrée si docile aux recommandations du prêtre qu'Il décida qu'elle n'était pas responsable. Il permit que le péché commis malgré elle ne nuise pas à l'enfant à qui Il fit un don merveilleux en lui accordant la connaissance du passé ainsi que celle de l'avenir. Ainsi, Merlin devint le meilleur allié de Dieu sur terre.

Dès son premier cri, le nouveau-né terrifia tout l'entourage des femmes qui avaient assisté la jeune mère ; il faisait peur à tous : il était velu et poilu plus que tout autre enfant né d'un homme. Sa mère elle-même en avait peur.

— Sortez-le de la tour, supplia-t-elle, et faites-le baptiser !

— Et quel nom lui ferons-nous donner ?

— Le nom de mon père, répondit-elle, c'est-à-dire Merlin !

La mère resta enfermée dans la tour, dans l'attente du châtiment, car nul, hormis le prêtre, ne doutait qu'elle se fût mal comportée en perdant son honneur. Merlin fut pourtant allaité par sa mère, qui se lamentait souvent en sachant qu'elle devrait subir le supplice. Elle disait à son fils :

— Je vais mourir à cause de toi, mon enfant. Qui pourra jamais me croire si j'affirme que je n'ai été touchée par aucun homme, sinon par le diable ?

L'enfant répondit :

— Ma chère mère, je ne serai pas responsable de ta mort !

Voici que l'enfant parlait alors qu'il n'avait que trois mois ! Il grandissait de façon étonnante et parlait avec tant de sagesse qu'il ne pouvait qu'être inspiré par Dieu. Il réussit, en disant la vérité, à disculper sa mère qui eut la vie sauve. Il fit proclamer la vérité avec une intelligence qui stupéfia tout le monde. Il parla avec le confesseur de sa mère, appelé Blaise, qui était un clerc plein de sagesse et qui se demandait d'où l'enfant tirait ses étonnants pouvoirs.

— Tu as été engendré par le diable, et j'ai peur que tu ne me trompes à mon tour ! lui lança Blaise un jour.

— Non ! répondit l'enfant. Apprends que Dieu m'a donné le pouvoir de connaître l'avenir, alors que les diables m'avaient condamné à être leur serviteur. La piété de ma mère a permis ce miracle. Crois-moi sur parole : je te confierai ce que personne, sauf Dieu, ne pourrait te faire savoir, et tu en feras un livre.

— Merlin, répondit Blaise, je ferai ce livre, mais, je t'en prie, ne cherche jamais à me faire agir contre Dieu.

Et l'enfant dit :

— Prends ton encre et ton parchemin, car j'aurai beaucoup de choses à te dicter.

C'est ainsi que Merlin devint l'homme de Dieu et transmit à Blaise des révélations étonnantes.

Voici comment Merlin œuvra. À l'époque régnait en Angleterre un roi nommé Constant, qui avait trois fils : le premier s'appelait Moine, le deuxième Pendragon et le troisième Uter. Un sénéchal, nommé Vertigier, assistait le roi. À la mort de Constant, les seigneurs décidèrent de choisir Moine pour roi, mais une guerre éclata. Le roi Moine était encore un enfant, il ne réussit pas à s'imposer. Les seigneurs allèrent donc demander à Vertigier de devenir leur roi, si bien que l'on tua Moine. Vertigier fut soupçonné d'avoir été l'auteur du meurtre. Des fidèles du roi Constant s'enfuirent alors avec les deux cadets dans un pays étranger.

Ce fut une période de grands troubles pour le pays : Vertigier savait que les fils de Constant étaient dans un pays lointain, et il redoutait leur retour. Il voulut donc faire édifier une tour imprenable pour y trouver protection. Pourtant, dès qu'elle atteignait quelque hauteur, elle s'écroulait, et cela par trois fois. On réunit donc les clercs du royaume pour comprendre les raisons de l'événement, mais ils furent tous impuissants. Ils étaient savants en astrologie, mais ne trouvaient pas de solution. On dit alors au roi qu'un jeune enfant de sept ans, conçu par une jeune femme mais dont le père n'était pas un être humain, pourrait peut-être deviner ce secret. Les clercs consultés affirmèrent que le sang de l'enfant devrait être répandu et mélangé au mortier de la tour : alors la tour tiendrait sans peine.

On alla chercher le jeune Merlin qui jouait avec d'autres enfants. Or une dispute venait de les opposer, et l'un d'entre eux l'avait insulté en l'appelant : « Fils sans père ! » Les messagers du roi, qui avaient entendu ces propos, s'approchèrent du garçon qui leur dit tout aussitôt, comme s'il les avait attendus : « Je suis celui que vous cherchez et dont vous devez rapporter le sang au roi Vertigier. » Les messagers furent pétrifiés.

Merlin savait tout le passé et devinait, par l'aide de Dieu, tous les projets mauvais des hommes. Il révéla son savoir devant Blaise et devant le roi. Tous étaient stupéfaits de découvrir qu'il connaissait les propos échangés dans le plus grand secret et tout ce qui s'agitait dans les cœurs. Merlin, par la volonté de Dieu, possédait effectivement les talents d'un devin. Il apprit à Vertigier pourquoi sa tour s'écroulait : sous la tour se trouvaient une grande nappe d'eau et deux dragons aveugles, l'un de couleur blanche, l'autre roux. Ils étaient si étonnamment forts, révéla-t-il, qu'ils agitaient la nappe d'eau et faisaient tomber les pierres, c'est pourquoi la tour s'écroulait. Ainsi, Merlin connaissait jusqu'aux secrets les mieux enfouis. Les deux dragons combattaient, et le roi voulut savoir lequel des deux dragons serait vaincu par l'autre. On dégagea les pierres et les deux dragons apparurent, hideux et terrifiants. Le roux semblait plus puissant que le blanc. Ils se jetèrent l'un sur l'autre : les narines du dragon blanc firent jaillir un feu dévorant, et le dragon roux mourut sur-le-champ. Mais le blanc mourut aussi quelques jours plus tard.

— Quelle est la signification des deux dragons ? demanda le roi Vertigier à Merlin.

— Le dragon roux, c'est toi, et le dragon blanc, c'est la descendance du roi Constant, répondit l'enfant.

Ainsi Merlin dévoilait-il la trahison de Vertigier, car la blancheur signifiait la juste cause des deux jeunes héritiers. Merlin annonçait le sort prochain de Vertigier, les fils de Constant étaient en chemin, prêts à venger leur frère et à recouvrer leur royaume. Uter et Pendragon revenaient pour chasser l'usurpateur. Merlin leur envoya des messagers, et devant tous les seigneurs de la cour il commença à prononcer des paroles surprenantes qu'on consigna dans *Le Livre des Prophéties* dont vous entendrez parler plus loin. Il aida les deux frères à lutter contre les envahisseurs saxons : il annonça que l'un d'eux mourrait au cours de la bataille, mais que le survivant lui assurerait la plus belle des sépultures. Il s'engagea également à procurer une aide telle que le royaume serait le plus célèbre du monde. À la bataille de Salisbury en effet, Pendragon mourut, mais Uter devint roi et, pour garder vivant le souvenir de son frère, il se fit appeler Uterpendragon. Merlin fit venir des pierres d'Irlande par magie, ces pierres qu'on peut voir encore dans le cimetière de Salisbury*. Il instaura aussi la Table Ronde, en ordonnant au jeune roi d'y rassembler les gens de son royaume, à la fête de la Pentecôte, pour la plus grande gloire de Dieu et des hommes.

C'est lors de l'une de ces fêtes que le roi Uterpendragon rencontra une femme dont il tomba éperdument amoureux. C'était la belle Ygerne, l'épouse du duc de Tintagel. Uterpendragon l'aima longtemps en secret et n'en laissa rien transparaître. Il lui offrait des présents, l'honorait de son mieux, mais n'osait lui avouer l'amour qu'il lui portait. Cet amour le tourmentait beaucoup.

Le conseiller d'Uterpendragon dit à son jeune roi de s'adresser à Merlin. Parmi tous

* Il s'agit des pierres mystérieuses, les mégalithes de Stonehenge.

ses étonnants pouvoirs, Merlin avait celui de la métamorphose.

— Nul mieux que lui ne pourra vous aider à obtenir l'amour d'Ygerne, lui dit-il.

Les desseins de Dieu sont mystérieux : Merlin accepta d'aider Uterpendragon, mais il exigea que le roi lui promette de lui donner tout ce qu'il lui demanderait en échange. Uterpendragon dut s'engager par de solennels serments, qui furent prononcés sur les reliquaires : le roi donnerait au prophète Merlin absolument tout ce qu'il exigerait de lui.

Alors Merlin lui apprit que pour obtenir l'amour d'Ygerne, il faudrait changer d'apparence, car Ygerne était fidèle à son époux.

— Je vous donnerai l'apparence du duc, soyez sans crainte. Je ferai ouvrir les portes du château, et vous pourrez l'approcher, lui faire la cour sans qu'elle vous reconnaisse. Mais il faudra, je vous en avertis, quitter le château avant l'aube.

Alors Merlin opéra le changement d'apparence. Tous les compagnons du roi ressemblaient désormais aux hommes de l'entourage du duc. Le roi Uterpendragon passa la nuit dans les joies de l'amour, et c'est cette nuit-là qu'Arthur fut engendré. À l'aube, Uterpendragon quitta Ygerne en l'embrassant avec grande tendresse.

Il alla trouver Merlin.

— Seigneur, lui rappela ce dernier, il faut maintenant tenir votre promesse.

Merlin révéla alors au jeune roi qu'il avait engendré cette nuit-là un enfant mâle, mais que, lié par sa promesse, il lui en avait fait don. Merlin aurait donc sur lui tous les droits, obéissant ainsi au projet de Dieu.

Quelques heures plus tard, on apprit que le duc de Tintagel avait été tué par ses ennemis. Ygerne semblait inconsolable. Le roi Uterpendragon voulut intervenir, il fit savoir qu'il n'est jamais bon qu'un fief reste entre les mains d'une femme seule, et il envoya des messagers pour lui proposer le mariage. Il agissait ainsi, conseillé par Merlin qui l'avertit :

— Veillez à ce qu'Ygerne ignore toujours que vous avez passé une nuit avec elle. Vous avez promis de me donner l'enfant que vous avez engendré, il est impossible que vous le reconnaissiez comme votre propre fils. Sa mère serait couverte de honte par cette naissance. Vous me reverrez au moment où l'enfant naîtra, et sachez que tout ce que je fais est guidé par la volonté de Dieu.

Là-dessus Merlin se retira auprès de Blaise dans les forêts et lui raconta les événements. C'est grâce à Blaise que nous savons comment Arthur est venu au monde.

Les envoyés du roi Uterpendragon allèrent trouver la veuve du duc de Tintagel pour lui transmettre le message : le roi n'avait pas de femme et il proposait à Ygerne le mariage pour le bien des habitants du royaume. Tous les termes de cette proposition avaient été dictés par Merlin, ils étaient donc pleins de sagesse. La dame accepta, le cœur serré, mais Uterpendragon possédait les qualités d'un bon roi, et c'est ainsi qu'il épousa Ygerne, quelques semaines après la nuit de bonheur qu'il avait passée à ses côtés.

Ygerne s'était interrogée sur le fait étrange de passer une nuit avec son époux, alors qu'il avait couru dans la bataille les plus grands risques et qu'on lui avait annoncé sa mort si peu de temps après. Elle s'en confia à Uterpendragon, qui lui conseilla de ne pas annoncer sa grossesse et de cacher la naissance de l'enfant.

— Dissimulez votre grossesse à votre entourage, dit-il, et remettez-moi l'enfant à sa naissance.

De la sorte, il obéissait aux commandements de Merlin et de Dieu, et il honorait sa promesse.

2. L'aventure du Perron

Quelle étrange aventure ! En vérité, une telle naissance convenait à celui qui allait devenir un héros extraordinaire. Le roi réussit à convaincre Ygerne qu'il fallait confier l'enfant dès sa naissance à un homme choisi par Merlin, l'assurant qu'il serait bien éduqué. L'enfant naquit entre minuit et le lever du jour. Il fut enveloppé d'une belle étoffe : un homme inconnu prit le nouveau-né et disparut. La reine était en proie à une grande douleur. Mais l'homme mystérieux, qui n'était autre que Merlin métamorphosé, remit l'enfant à un couple qui accepta de l'élever avec tendresse et sollicitude.

— Quel nom pourrais-je lui donner ? se demanda l'homme nommé Auctor.

Sur le conseil de Merlin, il décida de l'appeler Arthur, puis le remit à sa femme qui le nourrit avec son propre fils.

Des années plus tard, après la mort du roi Uterpendragon, le royaume resta sans héritier. Le roi Uterpendragon fut enterré avec tous les honneurs, mais qui pouvait prétendre à la succession ? Les seigneurs du royaume s'adressèrent à Merlin.

— Ce royaume n'a pas d'héritier, lui dirent-ils. Aide-nous à choisir un homme digne du roi qui vient de mourir.

— J'aime ce royaume, dit Merlin, et Dieu lui a réservé un avenir extraordinaire. Faites-moi confiance, je vous conseillerai selon les lois de Dieu et du monde.

Tous accordèrent leur confiance à Merlin. Il fallait attendre un signe de Dieu vers la date de Noël. L'enfant qui avait été élevé par Auctor, son père d'adoption, et nourri du lait de sa femme, était devenu un fort beau jeune homme. Auctor n'aurait su dire qui il aimait le plus, son propre fils ou cet enfant reçu des mains de Merlin. Avant Noël, Auctor fit chevalier* son fils, qui s'appelait Keu, et toute la famille se rendit à Logres** pour Noël.

On assista à la messe de minuit. Les gens s'étaient réunis sur le parvis de l'église. On vit alors devant le porche un bloc de pierre, qu'on appelait un perron***, tout en marbre. Une enclume de fer y était posée, et une épée était fichée dans cette enclume jusqu'à la garde. L'archevêque de Logres apprit la nou-

* Un chevalier est un jeune noble tenant la plupart du temps un fief de son seigneur. La désignation implique l'ensemble des qualités et le code de comportement que met en œuvre le chevalier, principalement la vaillance, le goût de l'exploit et la gloire qui en résulte.

** Logres est le nom du royaume, mais également parfois celui de la ville principale.

*** Un perron est une pierre carrée qui sert de montoir aux cavaliers.

velle, il sortit avec tout le clergé et les reliquaires, et tout le monde observa longuement l'étrange perron qui fut aspergé d'eau bénite. On découvrit alors une inscription sur le pommeau : elle révélait que Dieu désignerait comme roi du pays celui qui pourrait retirer l'épée.

C'était là un signe de Dieu, tous rendirent grâce. Qui ferait l'essai ? L'épée était le signe de l'élection voulue par Dieu : il ne fallait pas se précipiter. L'archevêque désigna un bon nombre de seigneurs qui tentèrent l'épreuve. Personne ne parvint à retirer l'épée ni même à l'ébranler. Sous bonne garde, l'épée resta ainsi jusqu'au Jour de l'an. De très loin venaient ceux qui voulaient tenter l'épreuve. Comme Auctor avait fait chevalier son fils aîné, le jeune Keu appela son frère Arthur et lui demanda de lui apporter une épée. Arthur courut à la demeure et, n'en trouvant point, pleura de déception. En passant devant l'église, il aperçut l'épée dans le perron et se dit qu'il la porterait à son frère s'il pouvait la prendre. Sans même descendre de sa monture, il la saisit d'un simple geste et la dissimula sous sa tunique. Il dit à son frère que c'était l'épée du perron.

Auctor demanda à son fils comment il l'avait reçue. Keu répondit qu'il l'avait retirée du perron lui-même. Il mentait, son père s'en aperçut, et Keu finit par avouer que c'était Arthur, son frère, qui la lui avait apportée.

Alors Auctor sut qu'un grand moment était arrivé et il s'adressa à Arthur :

— Mon cher enfant, prends cette épée et remets-la où tu l'as prise !

L'épée resta alors fichée comme auparavant. Keu tenta de la retirer, mais en vain. Auctor choisit ce moment pour révéler à Arthur qu'il n'était pas son père, et Arthur en fut très affligé.

— Quel bonheur puis-je attendre de la vie puisque je n'ai plus de père !

Auctor appela alors tous ses amis et dit à l'archevêque que l'un de ses enfants suppliait qu'on le laissât tenter l'épreuve. Arthur saisit à nouveau l'épée, sans aucune difficulté, et la remit à l'évêque. On conduisit Arthur dans l'église, mais les seigneurs étaient fort irrités de ce qu'un garçon de si modeste origine devienne roi. Devant l'assistance, Arthur, à plusieurs reprises, remit l'épée dans le perron, puis la reprit.

— Cette élection est clairement voulue par Dieu, proclama l'archevêque.

Tous pleuraient d'émotion. Les barons insistèrent cependant pour que l'épée reste dans le perron jusqu'à Pâques. Ils jurèrent qu'alors seulement le jeune homme pourrait être sacré.

— Arthur, vous allez être le roi de ce peuple. Montrez-vous digne de ce signe de Dieu, dit l'archevêque.

Arthur répondit avec sagesse. En attendant il sut s'entourer de bons conseillers et tous attendirent la fête de Pâques. Arthur avait déjà donné la preuve de sa valeur : il serait un bon roi. Les barons voulurent qu'on attende encore jusqu'à la Pentecôte. Ce qui fut fait. Entre-temps Arthur reçut l'hommage* des seigneurs mais ne voulut pas devenir maître du royaume avant d'avoir été sacré solennellement. Tous ses propos convenaient par leur dignité, et les grands du royaume finirent par admettre que le jeune homme pos-

* « Recevoir l'hommage » : les grands du royaume prêtent le serment féodo-vassalique à celui qu'ils considèrent désormais comme leur souverain.

sédait toutes les qualités requises. On ne trouvait en Arthur aucun défaut : tout ce qu'on lui offrait, il le distribuait, annonçant la noble qualité de largesse qui ferait sa gloire dans l'avenir. Arthur fut adoubé par l'archevêque. Le jeune homme passa la nuit en prière dans la cathédrale, et il reçut les vêtements royaux ainsi que la couronne. Tous implorèrent son pardon pour l'avoir mis à l'épreuve si longuement. En procession on alla vers le perron, et Arthur demanda publiquement à Dieu de lui donner la force et le pouvoir d'agir toujours selon Sa volonté. Alors le nouveau roi se mit à genoux, saisit l'épée et la souleva. Il la tint droite et l'emporta jusqu'à l'autel. Il fut sacré et oint, selon le rite du couronnement. Lorsque l'assemblée sortit de l'église, elle put voir que le mystérieux perron avait disparu.

Tout roi qu'il était, Arthur se sentait bien jeune encore, et il devinait que le goût de l'aventure allait désormais le mener vers des secrets, des énigmes, des prouesses à accomplir. Sa cour, lui avait dit Merlin, allait devenir le modèle de toutes les cours. Le cœur d'Arthur en tremblait. Comment pourrait-il en être le souverain s'il ne goûtait lui-même aux aventures mystérieuses ? C'est alors qu'il décida, un beau matin de printemps où les oiseaux chantaient à cœur joie, de tracer le chemin des premières aventures pour les chevaliers des temps futurs.

Prédestiné, Arthur l'était. Il n'en fut pas moins étonné par la première rencontre qu'il fit.

3. Un monde en détresse

Le jour de la Pentecôte, où précisément le roi Arthur allait être couronné, tous les chevaliers, toutes les dames et demoiselles de la cour étaient pleins de joie et d'allégresse. On avait préparé une fête somptueuse. Les tables étaient dressées, on apportait des mets délicats. Alors que le festin devait commencer, voici qu'une demoiselle seule et sans escorte, montée sur une mule, pénétra dans la salle et salua le roi avec déférence.

— Roi, dit-elle, l'une des plus belles dames du monde implore votre pitié. Envoyez-lui, de grâce, un chevalier de votre cour pour la secourir contre un ennemi qui chaque jour vient l'attaquer. Il surgit des rivages de la mer et terrifie les habitants de la contrée. Soixante chevaliers ont déjà tenté de le vaincre, mais l'épreuve était trop difficile et ils y ont trouvé la mort. C'est une grande aventure que j'annonce devant toute votre cour ! Roi, modèle de justice et de générosité, venez à son secours !

Arthur l'écouta avec bonté et courtoisie, il lui fit donner tout ce qui était nécessaire à son repos, puis la fit mener vers l'une des plus nobles demeures de la ville. Les jours passèrent, durant lesquels la demoiselle fut toujours aimablement accueillie parmi les dames de la cour. Mais après l'octave* de la Pentecôte, la demoiselle vint lui rappeler la requête de sa dame. Tous les chevaliers se

* Période de huit jours pendant laquelle on célèbre la fête de Pentecôte.

proposèrent, mais le roi Arthur ne voulut l'accorder à personne.

— Cette aventure me revient, dit-il, car c'est la première qui survient à ma cour. Je suis roi, et couronné de fraîche date. Personne d'autre que moi n'ira au service* de la dame !

Personne ne put l'en dissuader. Il se fit apporter son armure et ses armes, sauta sur son destrier et sortit de la ville, après avoir judicieusement confié tout ce qui concernait le royaume au roi Lot en qui il avait toute confiance. En compagnie de la demoiselle, Arthur parvint à la forêt de Camalot. Que de soucis pour la cour désormais puisque le jeune roi partait pour des contrées lointaines, alors qu'il était si jeune !

Dans la forêt profonde, soudain une voix pleine de détresse se fit entendre : « Seigneur Dieu, ayez pitié de moi ! » La voix poussa trois grandes clameurs, et Arthur vit arriver une dame fuyant un chevalier tout armé, monté

* L'acte de « servir » est important dans la civilisation du Moyen Âge : il signifie la loyauté d'un vassal à l'égard de son seigneur et, plus largement encore, la disponibilité totale à l'égard de ceux qui sont plongés dans la détresse.

sur son destrier rapide, et qui la menaçait l'épée à la main. La dame se précipita vers le roi, le suppliant de la préserver de la mort. Celui qui la poursuivait avait déjà tué l'homme qu'elle aimait et, maintenant, elle savait que son tour était venu. Alors Arthur n'hésita pas.

— Au nom de toutes les valeurs de la chevalerie, ne touchez pas à cette dame !

L'autre le toisa avec morgue.

— Vassal*, voulez-vous prendre sa défense ?

Le chevalier alla prendre sa lance qu'il avait posée au pied d'un arbre et sa monture se lança impétueusement contre le roi. Or la lance se brisa, et Arthur frappa si vigoureusement que ni l'écu ni le haubert n'empêchèrent son adversaire de tomber. Il implora la grâce et fit connaître son nom : il se nommait

* Le terme « vassal » est ici une insulte. Dans un contexte ordinaire, « vassal » désigne l'homme qui se lie à un « seigneur » par la cérémonie de l'« hommage », pacte de fidélité absolue. Comme terme d'adresse, il peut comporter une nuance d'insolence, ce qui est clairement le cas ici.

le Chevalier de la Lande Déserte*. Arthur exigea qu'il aille à la cour et qu'il y reste jusqu'à son propre retour**, mais il ne lui révéla pas qui il était !

Alors la dame invita Arthur à se rendre à l'une des plus nobles cours qu'il eût jamais vues. De nombreuses dames et demoiselles, parmi les plus belles, s'y trouvaient en compagnie d'au moins cinq cents chevaliers. L'occasion du rassemblement de cette assemblée était une coutume étrange : celui qui avait la plus belle amie et qui serait vainqueur du combat aurait pour récompense un oiseau merveilleux qu'un nain venait pré-

* Dans la littérature du Moyen Âge, les personnages portent souvent un nom qui peut sembler étrange : Chevalier de la Lande Déserte est l'équivalent d'un nom propre. De tels noms, on le verra, sont très révélateurs de l'être profond de la personne, bonne ou mauvaise. Lion sans Pitié, Toute-Belle, Géant sans Nom, et il en est de même pour les noms de lieux, l'Amoureuse-Cité, le Château-des-Pucelles et bien d'autres.

** C'est une coutume, largement illustrée dans *Perceval* par exemple, que d'envoyer à la cour d'Arthur les vaincus qui s'y rendent captifs. C'est aussi une façon de faire connaître l'exploit que l'on a accompli !

senter chaque année. C'était un oiseau surprenant, l'une des merveilles du monde : il était beau comme un perroquet des Indes, chatoyant de couleur et de plumage, bavard comme une jeune fille, éloquent comme un jeune clerc qui a fait de longues études. C'était aussi un messager d'amour. Rien d'étonnant à ce que tous fussent présents pour le concours de beauté et de vaillance !*

Pourtant tous redoutaient la venue d'un certain chevalier qui imposait une étrange volonté : une fois par mois, il faisait venir tous les chevaliers, les dames et les demoiselles de la contrée, et il exigeait d'eux un serment d'hommage**, puis il exhibait la plus affreuse créature du monde en faisant affirmer par tous qu'elle était la plus belle et la plus raffinée des femmes***. La dame implora le jeune héros :

* Cet épisode prouve que l'auteur avait bien lu *Érec et Énide* de Chrétien de Troyes : il s'agit en effet de l'épreuve de l'Épervier, oiseau de prix que reçoit le chevalier possédant la plus belle amie.

** Ils sont donc asservis de façon tyrannique.

*** Cette épreuve tyrannique est déjà connue des récits antérieurs, comme le *Lai de Lanval* de Marie de France et le *Lai de Graelent*, lai anonyme de la fin du XIIe siècle ou du début du XIIIe siècle.

— Montrez votre mérite, seigneur ! Vous avez le pouvoir de nous délivrer. Il suffira de peindre mon portrait sur votre écu lorsque vous affronterez le chevalier, et cette preuve confirmera aux yeux de tous que je suis plus belle que son amie*.

Arthur était charmé : il lui répondit que le dieu Amour lui ordonnait de faire tout ce qu'il lui plairait. Ainsi, après une courte chevauchée, ils aperçurent sur une belle prairie des tentes, des pavillons et de somptueuses tentures de soie magnifiquement ouvragées. Des dames et des demoiselles richement vêtues étaient montées sur des mules et des palefrois et regardaient les combattants qui se frappaient de leur lance, dans un grand vacarme.

Tous se moquèrent d'abord de ce jeune homme qu'ils ne connaissaient pas. Et voici qu'arrivait déjà un chevalier tout vêtu de noir,

* À cette époque, en effet, l'écu pouvait être orné de figures diverses, essentiellement d'armoiries, très variées selon les lignages, mais aussi d'un portrait de femme au nom de laquelle le chevalier veut accomplir des prouesses.

armé de la tête aux pieds, monté sur un destrier noir. Sa compagne, en effet, était monstrueusement laide. À leur suite venaient des dames et des demoiselles qui avaient l'air de se réjouir au son des harpes et des vielles. Au bout du cortège, un nain vêtu d'étoffe précieuse fourrée de petit-gris* poussait devant lui un palefroi portant la cage de l'Oiseau Merveilleux dont je vous ai parlé plus haut.

Piquant des éperons, les deux combattants se précipitèrent l'un contre l'autre, écu contre écu, avec tant de force qu'ils les mirent en pièces. Mais les hauberts résistaient, et les destriers s'élancèrent jusqu'à tomber morts sous les combattants qui saisirent alors leur épée avec une grande impétuosité. Elle fut impressionnante, la lutte du roi et du chevalier qui combattait contre lui ! Tous s'étonnaient de voir le jeune roi résister, mais ils devinaient sa bravoure et priaient du fond de leur cœur que leur mauvais seigneur soit vaincu et mis à mort. Le roi fut frappé sur l'avant du heaume et blessé au visage. Quand

* Fourrure d'écureuil, très estimée au Moyen Âge.

il vit son sang couler par-dessous la ventaille*, la rage doubla sa force. Chez les êtres de mérite, la colère accroît la force et la hardiesse, alors qu'elle accroît la lâcheté et la médiocrité chez ceux qui ont une mauvaise nature ! Il réussit à vaincre son adversaire, auquel il coupa le bras qui tomba sur place avec l'écu qu'il tenait. Tous s'écrièrent :

— Notre seigneur a trouvé un adversaire qui le vaut et qui le dépasse !

Le vaincu demanda grâce. Arthur lui demanda son nom, et l'autre lui révéla que son père était un pauvre vavasseur, qui n'avait presque rien au monde. Il lui apprit aussi qu'on ne lui avait pas donné de nom lorsqu'il était enfant, hormis celui de Mauvais Garçon, et que, lors de son adoubement, son nom avait été changé en Lion sans Pitié parce qu'il était vainqueur de tous les chevaliers qui joutaient contre lui. Dès lors, il s'était mis à exercer sur tous un pouvoir impitoyable. En cas de résistance, il donnait la mort sans pitié, s'empa-

* Partie mobile de la coiffe, capuchon de mailles qui recouvre le bas du visage au-dessous du nez, sous le heaume.

rait des biens, prenait épouses et enfants pour les tenir asservis. C'est ainsi qu'il se faisait rendre hommage tous les mois, afin de s'assurer que tous obéiraient à ses ordres. Et ce pouvoir, il l'exerçait depuis plus de quinze ans !

4. L'Oiseau Merveilleux

— Ah ! Lion sans Pitié, dit Arthur, tu as bien mal respecté les règles de la chevalerie, et tu as méprisé la loyauté que l'on doit à tous. Tu t'es conformé au nom de ton enfance, mais certainement pas au beau nom de Lion, qui est le plus noble et le plus généreux des animaux : quelle que soit sa faim, face à une bête qui se met à terre pour lui témoigner des marques de soumission, son hostilité n'ira jamais jusqu'à la toucher. Mais je ne veux pas que ta méchanceté gâche ma bonté. Je te ferai grâce à condition que tu rendes tous les biens que tu as injustement pris, que tu répares le tort que tu as causé par ton orgueil. En outre, je veux que tu restes en ce lieu même, en une prison que tu feras construire. Tous ceux dont tu exigeais l'hommage viendront te contempler une fois par mois, jusqu'à ce que le roi Arthur de Bretagne te fasse venir à sa cour. Et, ce jour-là, tu te vêtiras du mieux que tu pourras, tu monteras sur une charrette richement équipée, comme il convient à un chevalier qui n'a pas le droit de monter à cheval. Accompagné de ceux qui ont lâchement accepté la servitude, tu te rendras à la cour*.

Ainsi, Lion sans Pitié et les autres chevaliers durent s'engager par serment. Tous

* Cet épisode est un véritable clin d'œil à la tradition de Chrétien de Troyes. Dans *Le Chevalier à la Charrette*, Lancelot monte dans la charrette d'infamie pour l'amour de Guenièvre. Il est hué et couvert d'outrages, il renonce à son honneur de chevalier, mais il le fait par amour.

s'étonnèrent de ce qu'un chevalier si jeune pût imaginer une telle vengeance, mais ils consentirent à exécuter ses volontés. Et voici que l'Oiseau Merveilleux, au plumage d'un précieux perroquet des Indes, commença à s'agiter. Il exigea d'être porté en un lieu élevé :

— Nain, criait-il, emporte-moi vers le meilleur chevalier du monde ! Vers celui dont Merlin a tant parlé dans sa prophétie. Porte-moi vers lui, car je lui appartiens de droit !

Lorsque l'oiseau fut près du roi, il prononça des paroles si belles et si étonnantes que tous en restèrent stupéfaits, car il relata en détail les événements du royaume survenus depuis la naissance de Merlin.

— Seigneur, dit-il, pourquoi ne me prenez-vous pas ? Je suis vôtre par droite justice, car vous êtes le meilleur chevalier du monde, et vous accompagnez la plus belle dame que l'on connaisse au monde. Pourtant vous ne savez ni son nom ni son origine !

Alors la dame lui révéla qu'elle était fée.

Le roi se réjouit beaucoup des paroles de l'oiseau. Il l'accueillit avec joie, ainsi que le nain, le palefroi et tout l'équipement. Les habitants de la contrée lui témoignèrent de grandes marques de respect et lui demandèrent de rester avec eux. Il répondit que cela lui était impossible car il devait entreprendre une aventure pour secourir une dame en détresse. Ainsi, Arthur partit avec la demoiselle et le nain qui poussait le palefroi tout en portant l'oiseau magique. Tous célébraient les mérites de celui qui les avait délivrés d'une servitude accablante. La joie régnait, les sons mélodieux des vielles et des harpes réjouissaient les cœurs. Au moment du départ, on demanda son nom au mystérieux inconnu, et il répondit :

— Je suis le Chevalier à l'Oiseau Merveilleux, c'est ainsi que je me nomme !

Ainsi Arthur entra-t-il dans la légende sous ce nom énigmatique de « Chevalier à l'Oiseau Merveilleux » ou « Chevalier au Papegau ».

Ils s'avançaient sur leur monture, extraordinairement heureux de l'aventure qui leur était arrivée. Le roi regardait bien souvent la demoiselle à ses côtés : elle était belle, blanche et rosée, tout comme la fleur au mois de mai. Et la demoiselle lui rendait ses regards avec délicatesse. Quand l'oiseau aperçut les attentions que l'un avait pour l'autre, il ne put s'empêcher de leur dire :

— Croyez-moi sur parole, vous formeriez le plus beau couple du monde, car vous êtes, cher seigneur, le meilleur chevalier que l'on puisse trouver en quelque contrée que ce soit. Quant à la demoiselle, elle est noble, raffinée et de haute naissance.

— Comment sais-tu qui je suis ? demanda la demoiselle.

— Demoiselle, avez-vous oublié que vous avez séjourné à la cour de la reine, notre souveraine, pour vous occuper de la jeune fille du Château-d'Amour ? Je vous suis attaché et le resterai, à cause de votre grande beauté et du beau nom que vous portez. Voulez-vous, cher seigneur, connaître ce nom ?

— Volontiers, répondit Arthur.

— La demoiselle se nomme de son vrai nom Toute-Belle. Elle est de très haute origine, riche de biens et de terres. Son père est mort et n'avait pas d'autre héritier.

Conversant de la sorte, ils chevauchèrent jusqu'à l'heure de vêpres*. L'air commençait à fraîchir. L'oiseau dit qu'il avait froid. Le nain sortit alors une couverture faite d'une étoffe de soie richement travaillée pour en couvrir la cage. Cette cage était la plus étonnante qu'on ait jamais vue. Elle était faite de fils d'or pur habilement tressés, représentant des figures de bêtes et d'oiseaux divers. Chaque figure était incrustée de pierres précieuses. Aux quatre angles de la cage, quatre escarboucles, qui valaient un trésor, resplendissaient dans l'obscurité et diffusaient une étonnante clarté**.

À la tombée de la nuit, ils aperçurent un château magnifique. Il était bien situé, sur

* La journée médiévale est rythmée par ce qu'on appelle les heures des moines, espacées de trois heures : matines ou minuit, laudes (3 heures du matin), prime (6 heures), tierce (9 heures), sexte ou midi (12 heures), none (15 heures), vêpres (18 heures), complies (21 heures).

** Les pierres précieuses tiennent une grande place au Moyen Âge : on leur attribue des vertus nombreuses, et la symbolique des pierres est un domaine très large. L'escarboucle, dans notre récit, a les vertus d'une véritable torche de lumière.

un tertre, et fortifié. La demoiselle savait à qui il appartenait : ils pourraient donc y loger en toute sécurité. Le seigneur du château vint les saluer en les priant d'accepter l'hospitalité. Le Chevalier à l'Oiseau et Toute-Belle acceptèrent. Au lever du jour, dès les premiers rayons du soleil, l'Oiseau Merveilleux s'adressa à son maître en chantant :

— Seigneur, levez-vous ! Le jour où vous allez être comblé d'honneur est venu !

Les habitants du château étaient fort surpris : jamais ils n'avaient entendu de voix si claire, si nette, si mélodieuse. Le seigneur du château les honora du mieux qu'il put et les accompagna jusqu'au moment où ils durent éperonner leurs chevaux. Toute-Belle voulait les guider sans tarder vers sa dame qui avait demandé de l'aide : c'était elle que le chevalier inconnu devait secourir au plus vite désormais.

Pendant la chevauchée, l'oiseau magique ne cessait de leur conter de beaux récits et de leur chanter des chants d'amour. Ils approchaient de leur but. Mais vers l'heure de sexte, ils entendirent une épouvantable clameur et un vacarme saisissant.

5. Le Chevalier de la Mer

Ils virent de loin galoper à cheval le plus horrible chevalier que l'on ait jamais vu, précédé d'un bruit de tempête. Les gens fuyaient de tous côtés, le nain et la demoiselle furent saisis d'épouvante. Le cheval avait la taille d'un éléphant, son cavalier avait une voix si forte que les pierres et la terre résonnaient alentour. Les arbres tremblaient.

L'Oiseau Merveilleux crut sa dernière heure arrivée. Il supplia :

— Ah, mon cher nain, ne me laisse pas mourir ! Rappelle-toi tous les bienfaits que j'ai obtenus pour toi dans les pays lointains !

Mais le nain n'avait qu'une envie, celle de s'enfuir au plus vite, tout comme la demoiselle. Alors l'Oiseau Merveilleux s'adressa à son seigneur en le suppliant de lui ouvrir la porte de la cage pour qu'il puisse au moins s'envoler sur un arbre et échapper au danger.

Arthur riait de sa peur.

— Avez-vous donc oublié la chanson que vous aviez commencée ? N'ayez aucune crainte! Sans aucun doute, nous l'entonnerons ce soir ensemble !

L'horrible créature arrivait sur eux. Le jeune homme fit le signe de la croix et se lança vers lui avec audace en brandissant son écu, l'épée à la main. Le Chevalier à l'Oiseau frappait vigoureusement, il lui transperça l'écu et lui enfonça son épée à travers le haubert. Mais l'adversaire frappait à son tour très vigoureusement. Le jeune roi vit alors jaillir un sang rouge et chaud. Pourtant il lui semblait n'avoir touché que du bois ou le fer de l'armure. Le combat dura de midi au soleil couchant, et c'est à ce moment que le roi frappa le monstre et lui trancha le bras droit et l'épée. Aussitôt l'oiseau entonna ce chant délicieux :

— Qui donc m'a délivré de la peur que j'avais ?

Le chevalier se mit à rire et frappa son adversaire de plus belle. À chaque coup, le sang jaillissait, et le chevalier finit par pourchasser son ennemi affaibli qui ne pouvait plus se tenir droit sur sa monture, mais qui, proche de la mort, combattait encore farouchement. Alors, pourvu d'une grande sagesse, le chevalier recula un peu et observa la façon dont se démenait la créature monstrueuse : elle tournoyait dans tous les sens, elle avait abattu une vingtaine d'arbres, si grands qu'il aurait fallu quatre bœufs pour bouger le moindre d'entre eux. Ses gémissements résonnaient dans toute la contrée.

Lorsque le chevalier vit enfin son adversaire inerte sur le lieu du combat, il s'approcha pour le contempler. Il le trouva assis sur son cheval comme s'il était vivant. Ses armes étaient sombres, comme noircies de fumée. Le plus étonnant était que son heaume était chaud ! Le chevalier découvrit alors qu'il ne faisait qu'un avec la tête, dont la peau était noire comme une peau de serpent. Le haubert, qui semblait fait de mailles, était également de peau. Ainsi le chevalier, le cheval, le haubert, le heaume, l'écu et l'épée étaient de même nature : une chair monstrueuse !

Alors des chevaliers de la cité terrifiée vinrent s'informer sur l'aventure qui les avait tous accablés. Ils s'étonnèrent de ce que ce jeune chevalier ait pu avoir tant de courage et d'audace. L'un d'eux partit vers la ville de toute l'allure de son cheval pour raconter à sa souveraine l'aventure du Chevalier à l'Oiseau dans les moindres détails. La dame fit sortir les tentures de soie superbement ouvragées d'or. Elle-même monta sur une mule bien sellée et, accompagnée de tous ses seigneurs, des dames et des demoiselles, elle alla vers l'inconnu qui les avait délivrés de celui qui chaque jour venait ravager leurs terres et tuer les habitants. On fit sonner joyeusement les cloches de la ville. Le bruit des instruments de musique s'y ajoutait. Le Chevalier à l'Oiseau et la dame chevauchèrent côte à côte, la dame sur la belle mule, le chevalier sur un palefroi blanc comme neige, offert par la dame. Un écuyer portait son heaume et son écu, et menait son destrier de la main droite. Ils entrèrent ainsi dans l'Amoureuse-Cité où les témoignages de joie et de soulagement furent manifestes. Le chevalier fut revêtu d'un mantel* taillé dans une magnifique étoffe de soie.

Cependant il n'oubliait pas la peur de Toute-Belle, ni celle de ses compagnons, qui, d'ailleurs, étaient en train de se quereller. Dès que le chevalier eut mis pied à terre, le nain courut s'occuper de l'oiseau qui ne voulut pas de ses soins.

— Va-t'cn, misérable nain, tu n'es pas digne de me toucher ! Je ne veux plus de toi !

Il cria tant que tous ceux qui l'entendaient, petits et grands, s'en étonnèrent. Il criait pour être entendu de son seigneur :

* Dans la littérature médiévale, le mantel est un vêtement élégant, un costume de cérémonie. On l'offre en signe d'honneur, ce qui est le cas ici. Pour le roi et ses barons, le port du mantel est obligatoire.

— Mais où est le meilleur chevalier du monde ? Pourquoi ne me fait-il pas porter auprès de lui ? Ne sait-il pas qu'aujourd'hui j'ai perdu mon nain dans la forêt ?

Quand l'oiseau fut devant Arthur, il manifesta une telle joie qu'il oublia sa mauvaise humeur. Quant à Toute-Belle, elle se trouvait avec la dame, la fée qui connaissait l'art de la sagesse, et elle lui raconta l'accueil que l'oiseau avait fait à son maître. Dès lors la dame ne put arracher ses pensées du bel inconnu.

On prépara le souper, les tables furent dressées dans le palais et les chambres, les nappes furent disposées, belles et blanches. On disposa le pain, le vin, le sel et les épices, et le Chevalier à l'Oiseau fut placé au plus bel endroit de la salle, afin que tous puissent l'admirer. Quant aux dames, elles s'installèrent dans la chambre qui leur était réservée : un musicien qui jouait de la vielle leur chanta un lai* d'amour courtois : il avait accordé sa voix, qui était fort belle, aux notes de la vielle, et la mélodie était douce à entendre.

Ailleurs, dans la salle, se déroulait une fête

* Poème d'origine celtique. Il s'agit ici d'un lai accompagné de musique.

ruisselante de lumières, car les quatre escarboucles de la cage du perroquet répandaient un éclat surprenant. Dans ses chants, l'oiseau racontait tous les faits accomplis par son chevalier, qui l'avait reçu en récompense de sa vaillance, et les chevaliers qui l'écoutaient en tiraient audace et hardiesse.

La dame ne cessait de contempler le chevalier. Elle s'assit devant lui, après le souper, sur une étoffe de soie étendue dans la salle. Les autres dames et demoiselles s'installèrent çà et là avec les chevaliers, par groupes de trois ou de quatre : on parlait volontiers d'amour. La dame ne se rassasiait pas de contempler le beau chevalier.

— Ah ! dit-elle, que le bonheur comble le royaume où naissent des chevaliers qui nous apportent tant de joie et de consolation ! Que le bonheur comble celui qui vous a fait chevalier : grâce à vous la chevalerie est honorée. Qu'elle soit comblée de joie, la mère qui a porté un tel fils, considéré comme le meilleur chevalier du monde !

— Ma dame, je voudrais bien, pour l'amour de vous, être le meilleur chevalier du monde, car vous êtes la plus belle et la plus noble dame que la nature ait jamais créée.

— N'avez-vous point de dame à aimer ? lui demanda-t-elle.

— Non, en vérité !

— Et ne l'avez-vous point souhaité ?

— Je ne veux qu'un seul être, si je puis le posséder : celle qui m'a touché au cœur, si bien qu'il lui appartient tout entier !

Or l'oiseau les entendait, car il devinait les murmures les plus secrets ! Et il connaissait bien le cœur des êtres. Il entonna donc un lai d'amour si doux que la dame cessa de parler, et il chanta jusqu'à l'heure du coucher, au moment où la dame ordonna d'apporter le vin épicé que l'on aime boire avant la nuit*.

Mais on n'en avait pas encore terminé avec l'étrange chevalier. Au lever du jour, à l'heure où les oiseaux chantent les matines, le Chevalier à l'Oiseau se leva et mit les chausses et les superbes vêtements ouvragés d'or que la dame lui avait envoyés. On sella les chevaux, car tous les seigneurs, toutes les dames et demoiselles voulaient aller voir la dépouille de celui qui leur avait si longtemps causé des torts. Le Chevalier à l'Oiseau et la

* Il s'agit d'un des rites d'hospitalité.

Dame aux Cheveux Blonds – tel était le nom de la dame de l'Amoureuse-Cité, la fée qui détient la sagesse ! – chevauchaient en tête, tous suivaient en chantant très harmonieusement des chansons à deux voix, et le cortège arriva à sur les lieux du combat. Que vous dire de plus ? Sous leurs yeux, le mort gisait à terre. C'était le spectacle le plus horrible du monde. La dame ordonna à son maréchal de faire écorcher la créature et de transporter sa peau en l'Amoureuse-Cité, de la faire placer en un lieu où elle puisse être contemplée comme un prodige. On écorcha le mort : on ne trouva qu'une seule peau, aussi bien pour le destrier que pour le chevalier ! On lit dans un livre qu'on appelle *Mappemonde* qu'il existe un monstre vivant dans la mer, appelé souvent le « Chevalier-Poisson », car il semble avoir un destrier, un heaume, un haubert, une lance, un bouclier et une épée, mais tout fait en réalité partie de lui-même*.

* Ce Chevalier de la Mer est un avatar du centaure : au Moyen Âge cette figure monstrueuse intriguait beaucoup, parce que, disait-on, elle ne pouvait prononcer de son humain.

En parcourant le chemin emprunté par le monstre, tous découvrirent qu'il menait tout droit vers la mer. Ils regardèrent en amont, en aval, les uns vers la mer, les autres du côté de la terre. Ils virent alors se lever des vagues si hautes qu'elles semblaient toucher le ciel. Soudain se déchaînèrent un vent et un tonnerre d'une telle violence qu'ils pensèrent tous être voués à la mort. La tempête dura un bon moment, puis on entendit des clameurs, des gémissements et des pleurs, mais on ne savait l'origine exacte de ce qu'on entendait à travers les roseaux. Certains disaient que c'était le lignage du Chevalier de la Mer, que d'autres nommaient le Chevalier-Poisson, d'autres enfin pensaient que c'étaient des démons qui manifestaient leur rage. Jamais on ne sut la vérité.

6. L'épreuve du tournoi

À peine cette aventure était-elle terminée qu'une demoiselle arriva à cheval, tout en pleurs. Elle était enrouée de sanglots, elle battait ses paumes en signe de désespoir et s'arrachait les cheveux qu'elle avait blonds et luisants.

— Où est le Chevalier à l'Oiseau ?

En le voyant, elle se laissa tomber à terre et implora sa pitié :

— Noble seigneur, la renommée de votre vaillance s'est répandue à travers le monde. Je vous ai enfin trouvé, par la grâce de Dieu ! La meilleure des demoiselles est emprisonnée par la plus grande des injustices. C'est la fille du roi Belnain de l'Île Forte. Son royaume est beau et plein de délices, la mer l'enclôt de part et d'autre. On l'appelle le Royaume des Pucelles, et la demoiselle s'appelle Fleur-des-Monts. Blessé au cours d'un tournoi, son père est mort sans héritier mâle et il a confié sa fille à son maréchal, qui l'a trahi. Il s'est fait prêter hommage par tous les seigneurs, qui ont dû s'engager à lui donner pour épouse la belle Fleur-des-Monts. Le château est assiégé, et il est bâti sur un roc. Combien de temps la reine et sa fille pourront-elles résister ? Votre grande renommée, seigneur, m'a fait entreprendre cette quête avec ses risques.

— Demoiselle, dit le chevalier, je serais heureux de venir en aide à votre maîtresse. Montez sur votre cheval et rendons-nous à l'Amoureuse-Cité, car c'est là que nous commencerons notre parcours !

Or la Dame aux Cheveux Blonds se désolait de le voir partir, et pour le retenir elle fit proclamer un tournoi prévu huit jours plus tard : le vainqueur du tournoi obtiendrait d'elle un baiser devant tous les seigneurs de la cour, et pendant une année entière serait considéré comme son ami. La demoiselle de Fleur-des-Monts fut obligée de patienter.

Tous les seigneurs voulaient participer au tournoi pour l'amour de la dame, et chacun s'imaginait être proclamé le meilleur chevalier du tournoi. En attendant, la Dame aux Cheveux Blonds et le chevalier passaient ensemble d'agréables moments, dans la chambre ou dans le verger. La veille du tournoi, la dame alla voir les gradins qu'elle avait fait édifier et où elle devait prendre place avec ses demoiselles pour bien voir le tournoi. En ce temps-là, le regard des dames incitait les chevaliers à se montrer courageux et hardis !

Elle fit préparer un lit couvert de tentures de soie, incrustées de pierres précieuses qui répandaient une vive clarté dans la chambre de son palais. De savants architectes l'avaient construite avec grand art. Sur la voûte se trouvaient incrustées toutes les pierres de l'univers, taillées en formes d'animaux, d'oiseaux ou de fleurs. Un faucon avait été sculpté dans la pierre, il tenait dans son bec une chaînette en or avec une escarboucle qui resplendissait d'une si grande clarté que la chambre semblait embrasée. Une fiole de verre remplie d'un baume répandait une odeur pénétrante. Le faucon tenait entre ses pattes une tablette de marbre, peinte d'or, où se trouvaient tracées des lettres qui se laissaient lire clairement.

La Dame aux Cheveux Blonds prit le chevalier par la main, il s'inclina devant elle en la regardant avec tendresse. Ils s'assirent sur le lit, leurs cœurs étaient faits l'un pour l'autre. Ils se prêtèrent des serments qu'ils voulaient éternels.

La dame invita le chevalier à lire les mots de la tablette. Ils disaient : « Toi, chevalier, qui te trouves à mes pieds, accorde à cette dame tout ce qu'elle te demandera, et tu posséderas son cœur selon ton désir ! »

Que pouvait-il souhaiter d'autre ? Il promit tout ce qu'elle voulut. Or, en ce temps-là, les dames avaient d'étranges caprices : elles acceptaient de se faire aimer, mais leurs amis étaient soumis à leurs volontés. Ainsi les exigences de l'amour faisaient-elles partie des épreuves qu'un vrai chevalier devait affronter*. Arthur apprit bien vite que l'épreuve que la dame voulait lui infliger était particulièrement rigoureuse. Elle lui imposa de combattre en lâche, alors que sa valeur était grande. Renoncer à son honneur pour l'amour d'une femme était le plus beau signe de la sincérité d'un ami. Arthur la supplia en vain :

— Ma dame, permettez-moi de vous servir comme le meilleur chevalier du tournoi, et ensuite seulement comme le plus mauvais des chevaliers.

— Ce n'est pas ma volonté ! répondit la dame. Je veux que vous m'accordiez ce que vous m'avez promis.

Arthur était un chevalier courtois qui ne reviendrait pas sur sa promesse. Alors l'oi-

* Il s'agit de l'amour dit « amour courtois », reposant sur une série de règles de comportement.

seau se mit à chanter à l'intention de son seigneur :

— Le chagrin que vous éprouvez fera place ensuite à une grande gloire !

Le chevalier reprit courage grâce au chant de l'oiseau, et sa nuit en fut plus douce. Le jour suivant allait être plein d'amertume. En effet, fidèle à sa promesse, Arthur obéit à la dame et dut se comporter comme le plus mauvais chevalier du monde*.

Le matin du tournoi, la Dame aux Cheveux Blonds s'habilla magnifiquement d'une tunique et d'un mantel de sidoine blanc comme neige. Le mantel était si léger qu'on aurait pu le glisser dans une aumônière. Ainsi revêtue et parée, elle s'installa sur les gradins en compagnie de ses dames et demoiselles. Alors les chevaliers sortirent des rangs, piquant des éperons et s'affrontant au milieu du bruit stupéfiant des lances brisées. Puis ils mirent la main à l'épée. On regardait avec attention le Chevalier à l'Oiseau Merveilleux :

* Comme Lancelot dans le roman de Chrétien de Troyes, *Le Chevalier à la Charrette*, où la reine Guenièvre, qui aime Lancelot, veut éprouver sa loyauté et lui impose l'épreuve du combat « au pire ».

chaque lance qui le frappait le désarçonnait. Que vous dire de plus ? Ce jour-là il se comporta si mal que tous se demandaient avec étonnement comment il avait pu vaincre le Chevalier de la Mer.

— Il a dû en venir à bout par quelque enchantement ! disait-on.

Mais s'il avait eu ce pouvoir, se serait-il laissé couvrir de honte devant une telle assemblée ?

D'autres chevaliers pensèrent pouvoir prouver qu'ils seraient meilleurs que lui et ils espéraient bien obtenir le baiser de la dame et devenir son ami pour un an. L'un d'entre eux tout particulièrement insulta Arthur, et la dame dut intervenir pour calmer la querelle.

La soirée se passa dans la honte pour Arthur qui savait être l'objet de la dérision de tous. Toutefois il reprit courage en pensant que le lendemain il pourrait se venger. L'oiseau ne cessait d'inventer des chansons pour l'encourager. La dame, quant à elle, était tourmentée par l'amour. Elle savait bien que le Chevalier à l'Oiseau Merveilleux était le plus loyal et le plus courageux des chevaliers. Assurément il n'aurait pas accepté de subir la honte pour elle s'il ne l'avait pas aimée du fond de son cœur.

« Pourquoi lui ai-je donné l'ordre de se couvrir de déshonneur, et comment pourra-t-il s'en laver ? » se tourmentait-elle. Peut-être pourrait-elle aller vers lui, lui offrir désormais un accueil tendre et amoureux en l'assurant que l'épreuve imposée était rigoureuse, mais qu'en l'acceptant il avait gagné son cœur ? C'est ce qu'elle fit, en lui manifestant qu'elle était prête à s'abandonner à son désir. Mais le chevalier fut pris de colère : il la saisit par ses tresses.

— Mauvaise femme, pleine de méchanceté. Certes je vous ai promis de vous servir comme le plus mauvais chevalier du monde, et voici que je vais tenir ma promesse. La honte que vous m'avez imposée durera toute ma vie ! Ce que vous méritez maintenant est le service du plus mauvais des chevaliers !

Il la traîna par les tresses en la rouant de coups. Elle le suppliait de prendre pitié d'elle, mais en vain. Seule enfin et accablée de chagrin, tantôt elle l'accablait de reproches, tantôt lui rendait justice : « En obéissant à mon ordre inique, il a accompli l'action la plus noble qu'un chevalier ait jamais accomplie ! »

Le tournoi reprit le lendemain, et nombreuses furent les dames et demoiselles à prendre place sur les gradins. Tous les combattants s'efforcèrent d'accomplir l'exploit. Mais nul ne se comparait au Chevalier à l'Oiseau Merveilleux. Tout chevalier touché par sa lance était abattu avec son cheval. Tous eurent en peu de temps vidé le champ de bataille, et tous s'écartaient devant lui, en criant :

— Ce chevalier est habité par le diable ! Qui a jamais vu porter de tels coups de lance !

Lorsqu'il eut brisé sa propre lance, Arthur mit la main à sa bonne épée, Excalibur, et se lança au plus épais de la mêlée, comme le loup au milieu des brebis lorsque la faim le pousse. Frappant à droite, à gauche, de tous côtés, il fit si bien qu'en peu de temps tous avaient fui devant lui.

L'oiseau dit à la Dame aux Cheveux Blonds :

— Constatez maintenant la valeur de mon seigneur !

Ces propos donnèrent du courage au chevalier, si bien que tous pouvaient dire :

— Ce qu'il a fait hier n'a été accompli que pour prouver son mérite et sa générosité !

Le tournoi fut achevé avant l'heure de midi. Victorieux, le Chevalier à l'Oiseau s'avança vers les gradins des dames et reçut le prix du tournoi. Et à tous les chevaliers qu'il avait vaincus, il accorda la grâce. Il alla vers la dame, et ils purent échanger le baiser devant tous les seigneurs. Ils se dirigèrent dans la joie et l'allégresse vers la ville. Dans le palais, les tables étaient déjà dressées et l'eau fut distribuée dès qu'ils entrèrent dans la salle. Quand ils eurent mangé à leur gré, ils se mirent à danser de nombreuses et gracieuses caroles, au son des vielles et des harpes et d'autres instruments dont les jongleurs répandaient les sons à travers le palais. On fit étendre des tapis et des tentures de soie afin que ceux qui voulaient converser puissent le faire confortablement.

Le chevalier et la Dame aux Cheveux Blonds se prirent par la main, parlant de tant de choses diverses qu'ils se pardonnèrent leur désaccord, et du fond du cœur. Comme ils partageaient le même désir, ils avaient hâte que vienne la nuit. Quand la cour fut endormie, le Chevalier à l'Oiseau Merveilleux alla vers la porte de la dame. À l'entrée de la chambre, il respira l'odeur du baume qui émanait de la fiole portée par le faucon. Tous deux s'abandonnèrent à la joie sans entraves, comme ont coutume de faire les jeunes gens lorsqu'ils en ont le loisir. Ils passèrent la nuit la plus douce du monde. Cette joie dura huit jours : Arthur ne se souvenait de nulle autre chose, et tout se déroulait dans le secret.

7. Vers le château assiégé

Un soir, après le dîner, la demoiselle de Fleur-des-Monts vint rappeler à Arthur le souvenir de sa dame et son engagement solennel à lui venir en aide. Honteux d'avoir retardé son départ, le Chevalier à l'Oiseau pressa la Dame aux Cheveux Blonds de le laisser s'en aller. Ce fut bien contre son gré, mais elle voyait qu'elle ne pouvait faire autrement.

— Mon tendre ami, vous reverrai-je un jour ? lui dit-elle.

— Oui, ma dame, s'il plaît à Dieu !

— Ah ! mon ami, vous partez joyeux, semble-t-il, pour le pays de cette demoiselle assiégée, et moi je reste dans la douleur et l'affliction !

Ainsi, le chevalier s'en allait vers une nouvelle aventure, en vérité triste et accablé d'avoir laissé son amie. Mais l'oiseau le tirait de ses pensées mélancoliques, car il ne cessait de chanter les plus belles chansons du monde, sur les sons les plus mélodieux. Avant d'arriver chez Fleur-des-Monts, assiégée à l'Île Forte, le jeune roi devait affronter d'autres épreuves encore.

Un chevalier en particulier, intrigué par la renommée du jeune inconnu, voulait le vaincre au combat. Il avait les meilleures armes du monde : ni fer ni acier n'auraient pu entamer son haubert. Son heaume était tout rond, extraordinairement beau et solide : sur le devant il y avait une pierre sculptée en forme de belle dame, et elle produisait une si grande clarté qu'au milieu de la plus profonde obscurité elle aurait pu éclairer son chemin. Il possédait une épée magnifique, ainsi qu'un écu recouvert de peaux de poissons. Il était si grand qu'il se déplaçait plus rapidement qu'une bête sauvage. Ne cessant de chercher les traces d'Arthur, il le rattrapa un soir, à la tombée de la nuit, dans une forêt où le jeune roi se reposait sous un grand arbre, avec la demoiselle de Fleur-des-Monts, son nain et l'Oiseau Merveilleux. Quand Arthur vit la clarté de la pierre, il fut stupéfait, sans nullement songer au combat. Or l'autre l'assaillit.

— Je vous défie sur l'heure, dit-il.

Il se lança sur lui, le frappant sur le heaume d'un coup si fort qu'il l'étourdit. Le combat fut âpre, car l'ennemi du chevalier faisait des bonds en avant et en arrière, comme le léopard devant un chevreuil. À la clarté de la pierre fixée sur le heaume, ils s'affrontèrent jusqu'à l'heure de minuit. Alors Arthur frappa son ennemi au nasal du heaume, la pierre tomba sur l'herbe et disparut. Ainsi l'issue du combat fut-elle repoussée jusqu'au lendemain.

À l'aube, les oiseaux se mirent à chanter à travers les bois. L'oiseau dit à son nain :

— Ôte la couverture de ma cage afin que je puisse bien contempler mon chevalier et celui qui combat avec lui !

Le nain obéit, et le combat reprit. Toute la forêt retentissait des coups, le Chevalier à l'Oiseau crut n'avoir jamais mené de combat aussi sanglant. Il était blessé en plus de sept endroits. L'heure de none arriva, et Arthur s'étonnait de frapper si fort sur le haubert de son ennemi sans pouvoir l'affaiblir. Enfin, d'un coup violent il lui trancha le pied et toute la jambe. Dans sa chute le chevalier fit un grand bruit, comme si l'un des arbres de la forêt était tombé, et il s'écria :

— Pour l'amour de Dieu, je vous demande grâce, vous êtes le meilleur chevalier du monde ! Prenez avant ma mort le haubert que je porte : c'est le plus résistant que vous ayez jamais vu. Quel que soit le coup qu'on lui porte de la lance ou de l'épée, il ne peut être entamé. Il est si léger qu'un jeune enfant pourrait le porter une journée entière !

Il parlait avec beaucoup d'humilité, et Arthur fut pris de pitié. Il lui demanda son nom et son lignage. L'autre lui raconta que son père était un géant et que les habitants de la contrée le redoutaient.

— Comme ils le faisaient pour lui, ces gens m'appellent le Chevalier-Géant ! Mon père m'enseigna trois maximes, que chacun devrait connaître. La première est de savoir s'incliner devant celui qui vous apporte un bienfait. La deuxième, de reconnaître le mal et le bien que l'on peut commettre par ses actes ou dire par sa bouche. La troisième est de bien se connaître soi-même, car si je m'étais évalué avant de vous affronter, ma vie aurait été plus longue. Je sais que je vais mourir, et je prie Dieu d'avoir pitié de mon âme.

Sur-le-champ il mourut en battant sa coulpe. Le chevalier prit le haubert, recouvrit le corps de son adversaire de branches et d'herbes ; il l'aurait bien enterré mais il pesait trop lourd.

Alors Arthur reprit son chemin avec ses compagnons, mais à petite allure, car il avait plusieurs blessures. Sortis de la forêt, ils débouchèrent sur une belle prairie où se trouvait un château magnifique. Ils voulurent demander l'hospitalité, mais déjà quatre demoiselles sortaient du château pour transmettre, de la part de leur dame, l'invitation à y passer la nuit. Les demoiselles affirmaient que leur dame serait heureuse de les héberger.

— Comme elle est la souveraine la plus avisée que l'on ait jamais connue dans la contrée, on la nomme la Noble-Pucelle. Venez, cher seigneur, en toute confiance. Vous y serez accueilli et bien traité. Notre dame accorde des marques d'honneur tout particulièrement aux chevaliers errants venus de loin et, en matière de blessures, elle connaît les soins plus qu'aucun maître de chirurgie.

Le chevalier accepta de son bon gré : il lui était nécessaire de se reposer, à cause du sang qu'il avait perdu. Les demoiselles, charmées par les propos de l'oiseau, se disaient les unes aux autres :

— Cet oiseau plaira à notre dame ! Ce chevalier serait-il le Chevalier à l'Oiseau dont on parle tant ?

— Non, répondit l'une d'elles, ce n'est guère possible, car un chevalier tel que lui aurait à ses côtés une grande compagnie de seigneurs, il ne serait pas seul avec un nain et une demoiselle !

Que vous dire de plus ? Jamais homme ne fut mieux accueilli. Quand la Noble-Pucelle apprit qu'Arthur était bel et bien le Chevalier à l'Oiseau, elle se donna beaucoup de mal pour le soulager et le guérir de ses blessures, avec le plus grand art dont on ait jamais entendu parler. Au bout de quinze jours, elle le rendit à la santé et il fut capable de porter les armes comme auparavant. Les compagnons repartirent dans la joie, et l'oiseau ne cessait de chanter fort joliment les hauts faits que son chevalier avait accomplis.

Mais voici qu'un nouvel adversaire, armé de toutes ses armes, sur un destrier noir, se précipita sur eux, avec tant de fougue que la terre résonnait sous les pieds de son cheval. Il semblait animé d'une haine mortelle. Arthur eut raison de lui sans tarder, il le frappa sur le sommet du heaume et le pourfendit, du haut en bas, en enfonçant l'épée d'au moins trois doigts. Avant que ce nouvel adversaire meure à son tour, Arthur lui demanda qui il était et comment il se nommait :

— Je suis le frère de celui que vous avez tué dans la forêt, que l'on appelait le

Chevalier-Géant, et je m'appelle Géant le Redouté.

Arthur était pressé d'arriver sur les terres de Fleur-des-Monts. Mais une montagne empêchait de sortir des terres, à moins de passer par un château situé au-delà de la montagne, à l'entrée de l'Île Forte. Le maréchal qui avait trahi le roi Belnain, père de Fleur-des-Monts, y plaçait ses meilleurs chevaliers pour en interdire le passage, en particulier au Chevalier à l'Oiseau Merveilleux, dont la renommée était parvenue à ses oreilles.

— Seigneur vassal, faites chemin arrière ! cria le chevalier qui gardait l'entrée.

— Apprenez que je viens de Bretagne, dit Arthur, et qu'on m'appelle le Chevalier à l'Oiseau Merveilleux. Je veux me rendre à l'Île Forte pour réparer le tort que votre seigneur a fait subir à Fleur-des-Monts !

— Si vous voulez passer, ce sera à la condition de combattre avec moi. Si vous deviez me désarçonner vous passerez en sécurité. En revanche, si je vous désarçonne vous serez totalement à ma merci.

Ils se heurtèrent avec fougue. Les lances

brisées, on leur apporta un bon nombre de lances neuves, puisqu'il fallait que l'un jette l'autre à terre. Quatre grosses et fortes lances furent brisées. La demoiselle et le nain furent pris d'épouvante, mais l'oiseau chantait si bien que le chevalier puisa force et audace dans son chant. Il frappa son adversaire sur son écu d'un coup de la lance si fort qu'il le jeta à terre. Alors l'autre se releva, et tout soudain pria courtoisement le chevalier d'accepter l'hospitalité. Il leur témoigna par la suite beaucoup d'égards.

Le lendemain matin, lorsqu'ils eurent parcouru une lieue, la demoiselle qui accompagnait le chevalier éclata en sanglots. Quelle était la raison de ces larmes ?

— C'est la pitié que j'éprouve pour vous qui me fait verser des larmes, dit-elle, car je vois venir un chevalier que vous devrez affronter. Or c'est le meilleur chevalier que l'on connaisse dans le monde entier ! Voyez-le sur ce tertre, tenant un gonfanon rouge* ! C'est le chevalier le plus orgueilleux du royaume, le maître-gonfanonier du maréchal. Il n'y a

* Le rouge est une couleur qui signifie clairement l'agressivité au Moyen Âge.

en lui aucune pitié, et voilà la cause de mes larmes !

En effet, poussé par la fureur, le chevalier au gonfanon rouge se lança sur Arthur sans attendre. Ils menèrent un si âpre combat qu'il semblait bien à chacun qu'il n'avait jamais eu d'adversaire aussi redoutable.

Celui qui luttait contre le Chevalier à l'Oiseau lui dit :

— S'il faut combattre, faisons bien les choses ! Rendons-nous avec nos destriers sur cette montagne devant la porte du château, et alors commencera vraiment la joute, afin que la dame pour qui vous combattez puisse vous contempler. Elle verra aussi celui qui sait le mieux frapper de la lance. Le mérite du vainqueur n'en sera que plus grand !

Chacun saisit une lance pour se rendre dans la prairie la plus belle du monde, située devant le château. Chacun essayait de se comporter avec gloire. Fleur-des-Monts s'était appuyée aux fenêtres pour voir le combat, en compagnie de vingt demoiselles, toutes filles de princes et de seigneurs. Elles se demandaient avec étonnement qui pouvait être l'inconnu. La demoiselle qui était allée chercher le chevalier s'approcha d'assez près pour qu'elles puissent la reconnaître du haut des fenêtres. Elles furent alors certaines que c'était le Chevalier à l'Oiseau et elles en éprouvèrent un grand soulagement, tant elles avaient entendu parler de ses prouesses. Elles parlaient de lui à voix si haute qu'il pouvait les entendre. Alors sa hardiesse augmenta, et il eut raison de son adversaire : son épée resta fichée dans sa tête, et il tomba à terre sans pouvoir distinguer le jour de la nuit.

— Si vous voulez que je vous fasse grâce, dit le Chevalier à l'Oiseau, il faudra vous mettre à la merci de ma dame Fleur-des-Monts.

Ce qui fut aussitôt promis. Fleur-des-Monts et ses demoiselles étaient descendues pour accueillir leur sauveur. Elles lui témoignèrent les plus grandes marques d'honneur et d'allégresse qu'aucune dame ait jamais accordées à un chevalier. Tous montèrent vers le palais avec la plus grande joie qu'on ait jamais vue depuis le temps du roi Belnain. Les demoiselles, qui étaient du même âge, enlevèrent au chevalier, de leurs propres mains, son armure et ses armes. L'oiseau se mit à chanter les prouesses que son seigneur avait accomplies. Lorsqu'il eut achevé un chant dont Arthur était le héros, il entonna cette fois à propos des demoiselles :

« Je passerais plus volontiers deux mois entiers

Auprès de vous qu'en nul autre lieu du monde ! »

Ensuite il entonna un lai d'amour si joliment composé, sur des notes si mélodieuses, que toutes les demoiselles lui répondirent en chantant à leur tour. Il régnait en ces lieux la plus grande allégresse du monde, et ce fut le moment où arriva la reine, mère de Fleur-des-Monts. Or cette reine avait toutes les apparences d'une dame qui a perdu son mari et subi l'injustice de la captivité.

En voyant venir leur reine, les demoiselles mirent fin à leur gaieté. L'oiseau magique se tut : elle ne semblait guère heureuse. Le chevalier alla vers elle, la salua avec beaucoup de déférence, et elle le saisit par la main, pleurant de façon bien émouvante.

8. Le roi fantôme et l'arbre magique

— Cher seigneur, soyez le bienvenu ! dit-elle, puis elle lui demanda son nom et son origine.

— Ma dame, je viens de Bretagne, répondit-il.

Elle lui demanda encore s'il était un proche du roi Arthur, et il répondit :

— Oui, plus que de nul homme au monde !

— Votre renommée, reprit-elle, nous a poussés à vous chercher dans le monde entier, et nous vous supplions de nous délivrer de la captivité que nous subissons injustement.

— Dame, je suis ici prêt à faire tout ce que vous voudrez. Montrez-moi le chemin par lequel je pourrai trouver le maréchal.

À ces mots, la reine l'entoura de ses bras, tout en larmes.

— Cher seigneur, vous êtes bien fatigué et épuisé par votre chemin. C'est l'un des chevaliers les plus redoutés au monde. Prenez quelque repos ici avec votre destrier, pour une huitaine de jours. La demoiselle qui vous a ramené pour notre bien, s'il plaît à Dieu, m'a raconté que vous avez accompli de nombreux exploits depuis que vous avez quitté l'Amoureuse-Cité.

— Madame, je ne suis pas venu ici pour prendre du repos, mais pour accroître mon mérite et ma valeur. Sachez qu'un jeune chevalier ne doit pas tarder à agir, et je veux tenter l'aventure, si vous le permettez !

À ces mots la reine fut prise d'une grande compassion. Elle savait qu'il était hardi et audacieux. Elle reprit courage, car une prédiction lui avait annoncé qu'un Breton viendrait les sauver de leur captivité pour les rendre à la joie et à l'allégresse.

— Demain, cher seigneur, quelqu'un viendra pour vous mettre sur le bon chemin !

Ainsi passa la journée. La reine et sa fille ne quittaient point le chevalier, afin de lui marquer leur estime. Vers le soir, tout le monde se retira dans les chambres, et Arthur était sur le point de s'endormir quand la reine vint vers lui en hâte.

— Cher seigneur, dormez-vous ? Je vois que Dieu veut que vous partiez maintenant pour la plus dangereuse des aventures qui soit jamais survenue. Le messager qui doit vous conduire est arrivé. C'est un signal : il faut vous lever et prendre vos armes, et je ferai seller votre destrier. Confessez-vous en toute bonne foi à mon chapelain, car vous serez mieux protégé. Vous ne savez en effet où vous allez vous rendre : j'y ai déjà envoyé une bonne quinzaine de chevaliers, dont aucun n'est revenu, et ils étaient tous plus forts et plus âgés que vous !

Le Chevalier à l'Oiseau se réjouit de ces propos ; il se confessa, et après avoir reçu du chapelain une pénitence, il trouva son destrier. À l'arçon de selle, la reine avait fait mettre deux barils de vin, et dans une belle serviette, de la nourriture pour trois jours.

— Cher seigneur, dit-elle, il faudra chevaucher par des lieux où vous ne trouverez ni à boire ni à manger. Vous serez seul, sans compagnons !

— Dame, dit-il, que tout se passe selon la volonté de Dieu !

Armé de toutes ses armes, il monta sur son destrier. Il ne lui manquait que le heaume. Fleur-des-Monts le tenait entre ses mains : elle y avait fixé une étoffe de soie belle et somptueuse qu'elle avait elle-même brodée d'or et d'argent.

— Prenez ce heaume, noble ami, et que Dieu vous accorde de revenir sain et sauf !

Elle plaça le heaume sur la tête d'Arthur et le laça. La reine le mena en un lieu dégagé non loin de là, où ils trouvèrent un bel animal, de la taille d'un taureau, avec le cou délié d'un dragon, et une petite tête semblable à celle d'un cerf. L'animal* portait deux cornes

* Il s'agit de la *parande* (ou *lucrote*), de la catégorie des monstres hybrides constitués de parties provenant de divers animaux.

plus blanches que neige cerclées d'or pur. Son pelage était plus rouge que nulle autre teinture.

À la vue du Chevalier à l'Oiseau Merveilleux, l'animal s'inclina devant lui comme l'aurait fait un homme pourvu de raison. Quand la reine vit que l'animal s'était ainsi incliné, elle s'adressa tout en larmes au chevalier :

— Cher seigneur, voici l'animal qui doit vous montrer le chemin ! Que Dieu vous accorde de revenir dans la joie !

L'animal regarda le chevalier comme s'il voulait lui parler. S'il en avait eu le pouvoir, je pense qu'il l'aurait fait. Il avança alors paisiblement. Le chevalier se demandait avec stupéfaction quelle était sa nature, car il le voyait aussi rouge que la flamme. L'éclat que réfléchissaient ses cornes, à la lueur de la lune claire, donnait une clarté aussi grande qu'en plein jour. Grâce à cette clarté il suivait l'animal. Ils firent chemin jusqu'à minuit passé, et ils arrivèrent alors dans une belle prairie, où l'animal fit mine de s'endormir sous un arbre. Arthur mit pied à terre, attacha son cheval à un arbre et coupa autant d'herbe qu'il put pour sa monture. Il s'endormit, car il n'avait pris aucun repos depuis son arrivée au château de Fleur-des-Monts.

À l'aube, il aperçut l'animal merveilleux qui lui faisait signe de se mettre en route. La créature le mena dans une contrée fort belle dont l'odeur était aussi suave que le Paradis*. Arthur le suivit jusqu'à l'heure de vêpres, et ils trouvèrent alors en un lieu magnifique un château en ruine que le maréchal avait fait raser. L'animal voulut s'y arrêter. Le chevalier mit pied à terre sous l'un des plus beaux arbres que nul ait jamais vus, avec une riche floraison qui répandait la plus douce odeur.

Alors Arthur vit venir vers lui un beau chevalier aux cheveux blancs, vêtu d'une robe toute blanche, qui prit la parole :

— Roi de Bretagne, ne crains rien, je viens t'aider pour la plus périlleuse des aventures qui ait jamais été menée à bien, et qui ne pourra l'être que par un être d'origine

* On disait en effet, au Moyen Âge, que le Paradis était riche de bonnes odeurs, et que l'Enfer, au contraire, était rempli de puanteur. D'ailleurs on disait des saints qu'ils étaient morts « en odeur de sainteté », leur corps sentaient souvent délicieusement bon.

royale, qui serait le meilleur chevalier du monde et un modèle de justice !

— Seigneur, dit Arthur, qui êtes-vous donc ?

— Je suis l'animal qui t'a conduit jusqu'ici !

— Comment est-ce possible, cher seigneur ?

— Je suis le roi Belnain. Je fus tué par grande traîtrise au cours d'un tournoi, et me sentant blessé à mort, je choisis mon maréchal pour lui confier la garde de mon royaume et de ma fille. Il s'en est mal acquitté, vous le savez, mais voici le moment où il doit recevoir ce qu'il mérite !

Alors le Chevalier à l'Oiseau demanda à Belnain où il demeurait.

— Je suis en un beau lieu* et y resterai jusqu'à ce que soit accomplie la prophétie de Merlin, ensuite j'irai dans un autre lieu plus beau encore et plein de délices, jusqu'à ce que

* Il s'agit probablement du Purgatoire, lieu d'attente avant l'entrée au Paradis. Le Purgatoire est le temps de l'espérance. Quant au jour de la récompense, il s'agit probablement du Jugement Dernier. Lorsque les morts se trouvaient au Purgatoire, il n'était pas rare qu'ils apparaissent aux vivants pour leur demander une aide, par la prière ou une action de mérite.

Dieu récompense ceux qui lui sont fidèles, qui auront tant de gloire que nul ne pourrait le dire !

Et Belnain ajouta :

— Roi de Bretagne, je ne puis demeurer plus longtemps avec toi, mais avant de partir, je te donne le conseil de passer la nuit sous l'arbre où tu te trouves. Prends l'une de ses fleurs et place-la sur ta poitrine. Car la nuit tombera et tu verras venir dans cette prairie, sur leur destrier, une grande compagnie de chevaliers et de seigneurs armés, portant des enseignes petites et grandes. Tu verras aussi une noble assemblée de dames et demoiselles, la plus somptueuse qui ait jamais été réunie par un roi ou un empereur. Ce sera le tournoi le plus élégant que tu aies jamais vu de ta vie. Et les chevaliers en joutant viendront dans ta direction, criant à haute voix : « Où est le Chevalier à l'Oiseau Merveilleux ? Pourquoi ne vient-il pas au tournoi avec nous ? » Alors, si tu veux rester en vie, il faudra de toutes tes forces te retenir de les rejoindre. Si tu participes à ce tournoi, tu seras frappé d'un coup mortel, et d'une arme telle que nul médecin au monde ne pourra te guérir. Si tu veux accomplir ce que tu as entrepris, reste sous l'arbre où tu te trouves, et aucun chevalier du tournoi ne pourra t'approcher, car l'ombre et l'odeur de cette fleur te protégeront !

Alors il recommanda Arthur à Dieu et s'en alla en ajoutant qu'il ne le reverrait plus. Le jeune roi resta sous l'arbre et tira son destrier tout près de lui. Il cueillit l'une des fleurs qu'il approcha de ses narines : elle répandait une odeur si douce qu'il lui sembla se trouver dans un lieu céleste. Et cette odeur le rassasia si bien qu'il n'avait plus envie de boire ni de manger.

Lorsque la nuit fut tombée, il vit arriver des jeunes gens et des serviteurs qui se mirent à dresser des pavillons et des tentes, avec des tentures de soie, dans la prairie. Il vit venir des dames et des demoiselles à cheval, magnifiquement vêtues, portant des torches et des cierges, au son des vielles et de nombreux autres instruments. À la suite des dames s'avançaient des chevaliers et des seigneurs, somptueusement équipés pour le tournoi. Chacun descendit de son cheval devant sa tente.

Après avoir pris un peu de repos, ils commencèrent un tournoi fort plaisant, et au bout d'un bon moment, ils s'écrièrent d'une voix très haute :

— Où est le Chevalier à l'Oiseau ? Pourquoi ne prend-il pas part à ce tournoi ?

Alors quelques chevaliers s'élancèrent près de l'arbre merveilleux sous lequel se tenait le chevalier en criant très fort :

— Ah, Chevalier à l'Oiseau Merveilleux, noble créature, pitié ! Aidez-nous contre nos ennemis, car si nous sommes défaits devant vous, à qui nous demandons de l'aide, si vous nous refusez votre secours, vous en serez blâmé tous les jours et à jamais, durant toute votre vie !

Ils insistèrent tant que la pitié s'empara d'Arthur. Lorsqu'il eut mis la bride et la selle à son cheval et qu'il fut prêt à se lancer dans la folle entreprise, il entendit un ermite, dont l'ermitage se trouvait près de là, sonner les matines. Au premier son de la cloche, le tournoi s'évanouit de sorte que le chevalier ne put savoir ce qu'il était devenu. Tentes, pavillons et tentures avaient également disparu*.

* Il s'agit d'un tournoi diabolique : celui qui cède à l'invitation de l'assemblée signe en quelque sorte un pacte avec le diable et il perd son âme à jamais.

Fort intrigué par ce qu'il avait vu cette nuit-là, Arthur chevaucha jusqu'au moment où il arriva à un perron où se trouvait une petite croix. Il le regarda avec attention et découvrit des mots gravés qu'il put déchiffrer.

« Toi qui me lis, apprends de moi qu'il existe trois grands malheurs en ce monde. Le premier consiste à ignorer le bien, et à ne pas vouloir l'apprendre. Le second consiste à connaître le bien, mais à ne pas le mettre en œuvre ni pour soi-même, ni pour autrui. Le troisième consiste à connaître le bien et à sermonner autrui, sans se priver soi-même de mal faire. »

Et l'inscription du perron ajoutait :

« Si tu veux trouver une autre aventure étonnante, chevauche vers la droite et ne t'attarde plus ici aujourd'hui ! »

9. Le Pont Périlleux

Le Chevalier à l'Oiseau Merveilleux s'engagea tout droit sur le chemin que lui indiquait l'inscription, mais il chevaucha toute la journée jusqu'à l'heure de vêpres sans trouver l'aventure. Il entendit alors une voix qui criait très fort et aperçut une demoiselle qui descendait à vive allure d'une montagne en manifestant une très grande affliction.

— Cher seigneur, je suis accablée de chagrin, car un dragon a emporté mon ami si sauvagement qu'il est probablement déjà mort !

Arthur demanda où était le dragon : elle lui indiqua la direction dans laquelle il s'était envolé. Peu de temps après, il aperçut le plus grand et le plus hideux dragon qu'on eût jamais vu, qui tenait dans sa gueule le chevalier armé encore en vie, car son armure l'avait protégé. Le chevalier éperonna sa monture et frappa le dragon de sa lance au milieu de la poitrine qu'il transperça jusqu'au cœur. Laissant choir le chevalier, le dragon se débattait dans tous les sens, il donnait des coups de son immense queue qui tournoyait. On aurait cru un monstre diabolique. Il toucha de sa queue le Chevalier à l'Oiseau si violemment qu'il le précipita avec son cheval dans l'eau large et profonde. S'il n'était tombé à l'eau, le chevalier aurait perdu la vie sans recours face au monstre en fureur. Cependant, il était mal en point, car il était infecté par la morsure du dragon, et l'on sait que ces morsures sont mortelles. Sorti de l'eau au prix de grands efforts, Arthur perdit connaissance, car la force du venin l'envahissait. Personne ne lui apporta de l'aide, pas même un pêcheur qui s'affairait à prendre du poisson dans les environs.

Quant au chevalier, que le dragon avait laissé échapper de sa gueule, il fut retrouvé par son amie, et il lui demanda ce qu'était devenu son bienfaiteur. Elle lui raconta comment il lui avait porté secours, et le chevalier déplora sa mort. Ils retournèrent vers leur château, mais une fois montés jusqu'à la salle, après avoir fait allumer à la nuit tombée torches et cierges, ils entendirent la voix du pêcheur qui disait à sa femme :

— Je pense qu'il est encore vivant ! Comme il possédait de belles armes !

Et la femme répondit :

— Nous avons mal agi de l'avoir abandonné.

Alors le chevalier se pencha à une fenêtre et dit :

— Qui êtes-vous, qui parlez de la sorte ?

— Seigneur, nous sommes de vos gens.

— Et que disais-tu donc ?

Cet homme voulut cacher l'acte qu'il avait

commis en n'apportant pas de secours au blessé. Mais le chevalier fit chercher sa barque où l'on trouva les armes les plus belles et les plus riches qu'on eût jamais vues.

— Ah, méchant homme, dit le chevalier, tu as accompli un acte qui m'affligera tous les jours de ma vie ! Dis-moi la vérité au sujet du chevalier à qui ces armes ont appartenu !

— Pitié, seigneur, au nom de Dieu, répondit le pêcheur très effrayé, je ne l'ai pas tué. Peu avant la tombée de la nuit, j'ai trouvé sur le bord de cette rivière un chevalier tout raidi de froid, avec un destrier mort à côté de lui. Le chevalier pouvait à peine parler.

Le chevalier fut convaincu qu'il s'agissait de celui qui l'avait délivré du dragon. Il descendit vers la rive, se fit mener à l'endroit où le pêcheur disait avoir trouvé le chevalier. Ce dernier était inanimé et bien proche de la mort si on ne lui portait secours.

Que vous dire de plus ? Transporté au château, il fut étendu sur un lit confortable, et on lui prodigua tous les soins possibles si bien qu'avant l'heure de minuit il ouvrit les yeux.

— Seigneur Dieu, où suis-je ?

La demoiselle lui rappela ce qui s'était

passé. La feuille magique l'avait protégé du venin, mais il était très faible. En trois jours cependant il fut tiré d'affaire, et en meilleure santé que jamais.

Le chevalier du château lui demanda qui il était et d'où il venait, et Arthur lui raconta la vérité, hormis son nom. En apprenant que le Chevalier à l'Oiseau Merveilleux allait affronter le maréchal, son hôte fut rempli de joie.

— Cher seigneur, il vous faudra bien deux journées encore pour vous rendre au Château-Périlleux, et c'est l'endroit le mieux défendu du monde. Il est situé sur une montagne absolument impressionnante, entourée d'un bras d'eau très profond, qu'on ne peut traverser que par un pont fort dangereux. Personne ne peut le franchir à cheval, je vous le jure. C'est vous dire s'il est très étroit ! Au milieu du pont, il y a une roue qui tourne par enchantement, si vite que personne ne peut y accéder. Quinze chevaliers y ont perdu la vie, alors qu'ils tentaient cette aventure. Écoutez cependant mon conseil : vous vous rendrez en un lieu où nul n'est jamais entré depuis la mort du roi Belnain. Au milieu du pont, de chaque côté de la roue, vous trouverez deux piliers de marbre rouge, une véritable œuvre d'art, où sont gravés les mots suivants :

« Si tu veux passer outre le pont,
Ne poursuis pas dans cette direction.
Passe au contraire tout près de moi,
Dangereuses sont les autres voies ! »

Celui qui a le malheur de suivre cet avertissement perfide est mis en pièces par la roue, et rien au monde ne peut le sauver. Elle a été imaginée par enchantement, et c'est ainsi que le maréchal se protège. Quand vous serez sur le pont, tout proche de l'inscription gravée, quand vous lirez ce faux et mauvais conseil, soyez sans crainte : il faut faire l'inverse de ce qui est indiqué. Au centre des mots inscrits, vous trouverez une ouverture. Vous y ficherez votre épée. Ainsi l'enchantement pourra être brisé, et la roue ne pourra plus tourner !

Ainsi, il lui indiqua la voie à suivre et la façon de se protéger. Il lui rendit les armes que le pêcheur avait dérobées, et lui montra la direction du château où se trouvait le Pont Périlleux.

Voici Arthur face à la plus affreuse des

aventures : l'eau en effet était large, obscure et noire, et la rive du fossé très haute. Le pont bougeait de façon terrifiante. La roue était de fer, tranchante comme une lame, et elle tournait d'un mouvement si rapide qu'on la voyait à peine. De l'autre côté du pont se dressait une très haute tour, faite de marbre et de pierres magnifiques, et derrière la tour, le château le plus impressionnant du monde.

Le Chevalier à l'Oiseau Merveilleux observa le pont, le château et la tour en se demandant comment il pourrait passer de l'autre côté. Les conseils du chevalier lui furent précieux. Il mit pied à terre, marcha très prudemment sur le pont qui bougeait tant qu'il pouvait à peine tenir debout. Puis il avança à quatre pattes, avec beaucoup de vigilance, apeuré malgré tout son courage. Il parvint enfin près de la roue qui le terrifia, tant elle tournait vite. Sous le pont, l'eau noire ressemblait à la bouche de l'Enfer.

Le chevalier reconnut ce que lui avait décrit son hôte. Il aperçut l'ouverture du pilier, sortit son épée et l'y ficha, coupant un fil de métal, qui était la cause secrète de tout cet enchantement. Une fois le fil coupé, la roue s'arrêta.

Ainsi, le pont fut immobilisé, et Arthur se dirigea vers la tour, de l'autre côté. La porte était grande ouverte, mais l'hospitalité n'était pas prévue pour le chevalier. Soudain il trouva devant lui deux grands rustres qui le menacèrent, lui disant qu'il allait mourir puisqu'il avait réussi à passer le pont. Ils ne réussirent pourtant pas à l'arrêter, et Arthur se dirigea avec hardiesse vers une très belle salle, où le maréchal l'attendait.

Sur son chemin une porte s'ouvrit : une mystérieuse demoiselle apparut, une torche à la main. Elle était vêtue d'une robe moitié pourpre, moitié écarlate. Peu après, le chevalier vit une autre demoiselle, qui tenait également une torche allumée. Et nombre de demoiselles vinrent à sa suite, vêtues de la même étoffe, et la clarté des torches qu'elles tenaient était telle que la salle semblait embrasée. Toutes étaient silencieuses.

Peu de temps après arriva un chevalier magnifiquement équipé d'armes neuves et à ses côtés une belle dame, son amie. C'était le maréchal, fort bien entouré ! Il menaça le chevalier et l'insulta :

— C'est pour ton malheur que tu es venu ici !

Sans hésitation, le chevalier saisit son épée, et ils s'affrontèrent, sous les yeux des demoiselles, jusqu'à minuit passé. Le maréchal frappa alors le Chevalier à l'Oiseau si fort qu'il lui fit une plaie profonde à la tête. Était-ce la fin de l'affrontement ? Quand le chevalier sentit couler son sang tout chaud, il redoubla de vaillance, retrouvant assez de force pour frapper encore plus violemment. Arthur pourfendit son adversaire jusqu'au menton. Il tomba mort, étendu aux pieds de son amie, qui l'entoura de ses bras et mourut aussitôt d'affliction.

Alors les étranges demoiselles qui tenaient les torches les placèrent sur des chandeliers d'argent. Elles coururent toutes vers le chevalier, l'embrassant mille fois. Elles chantaient de joie :

« Que le meilleur chevalier du monde soit comblé de bonheur,

Qui nous a délivrées du plus méchant seigneur ! »

Elles firent sonner une cloche qui n'avait plus résonné depuis la mort du roi Belnain. Cette cloche répandait la nouvelle : tous ceux qui l'entendaient apprirent qu'ils étaient délivrés de leur mauvais maréchal. Et l'on fit sonner toutes les cloches de la contrée pour répondre à la clochette du château. Bientôt trois mille chevaliers s'assemblèrent autour du chevalier, avec leurs familles.

— Seigneur, dirent-ils, recevez l'hommage des vassaux que vous avez délivrés de ce monstre. C'était un mauvais seigneur. Mieux on le servait, moins on était récompensé. Il y a en effet trois maux en ce monde : le premier est une grave maladie. Le deuxième est une vie mauvaise. Le troisième est un mauvais seigneur. Tous ces maux sont des tourments pour les hommes, mais voici que, grâce à vous, nous sommes délivrés !

Le Chevalier à l'Oiseau leur dit :

— Vous et les vôtres, venez avec moi vers la reine et sa fille, qui est votre souveraine. Je veux que vous lui prêtiez hommage et prononciez le serment de loyauté.

Chacun se prépara, et quand le chevalier fut guéri des blessures reçues au cours du combat, tous se mirent en chemin. Au terme de quelques jours de chevauchée, ils parvinrent à la Roche-sans-Peur, château où demeuraient la reine et sa fille.

La reine ordonna à tous les siens de monter à cheval et, en nombreuse compagnie, ils allèrent à la rencontre du chevalier, leur bienfaiteur. L'oiseau n'oublia pas de chanter, il avait si longtemps craint pour son seigneur! Il se fit donc porter dans sa cage et chantait sans cesse avec Fleur-des-Monts les hauts faits de son maître. Quand il le vit s'approcher, il entonna une mélodie si douce que tous en ces lieux s'arrêtèrent, saisis par la douceur du chant. L'oiseau lui-même fut tellement pénétré de joie qu'il tomba d'émotion quand son chant fut achevé. On crut qu'il était mort ! Mais son seigneur s'approcha et lui dit :

— Ah ! noble oiseau, je vous en prie, ne m'abandonnez pas en ce moment de joie !

En entendant sa voix, l'oiseau reprit conscience et se remit à chanter très joyeusement. À la Roche-sans-Peur, la fête dura huit jours. La reine accepta les serments d'hommage de tous et de toutes, et ses vassaux s'en retournèrent dans leur contrée, se disant, pour la durée de leur vie, fidèles au service de la reine et du Chevalier à l'Oiseau Merveilleux s'il en était besoin.

10. Le naufrage d'Arthur

Après que le Chevalier à l'Oiseau eut séjourné quinze jours entiers auprès d'elles, il prit congé de la reine et de sa fille, malgré leurs prières pressantes. Il n'exprima qu'une seule demande : qu'on lui prépare un navire dans un port sur les rives les plus proches, à trois lieues de la Roche-sans-Peur. Il voulait effectuer la traversée pour retourner en Bretagne. On plaça sur le navire tout ce dont il pouvait avoir besoin, lui et vingt chevaliers choisis parmi les meilleurs du pays. Ces hommes devaient être ses compagnons pour la prochaine aventure.

Quand ils furent prêts, ils partirent vers le port, en grande compagnie de chevaliers, de dames et de demoiselles. Les marins levèrent l'ancre et hissèrent les voiles. Le vent était bon, ils naviguèrent en haute mer, et comme ils partaient le cœur joyeux, l'oiseau leur chantait les plus jolies chansons du monde.

Cette joie se transforma bien vite en détresse, quand un vent très violent se leva, emportant les voiles et poussant le navire vers une terre sauvage. Le mât fut brisé, les voiles furent déchirées et le navire aurait été en grand péril si Arthur n'avait adressé à Dieu la prière que l'on dit au moment du grand péril*. Au milieu de tous ces dangers, l'oiseau suppliait son nain :

— Nain, pour l'amour de Dieu, ouvre ma

* C'est une prière traditionnelle, souvent évoquée dans la littérature du Moyen Âge (« prière du plus grand péril »).

cage et laisse-moi voler vers la terre. Si le navire coule, je ferai prier pour l'âme de mon seigneur et pour la tienne. Et je porterai moi-même les nouvelles de vos aventures à la cour du roi Arthur !

— Non, dit le nain, je ne te laisserai pas partir. Tu resteras bien avec nous, tu souffriras comme nous, et tu attendras l'aventure avec nous !

— Ah, nain, je t'en supplie, souviens-toi des grands bienfaits que tu as obtenus grâce à moi. Je te supplie de couvrir ma cage ou du moins de me placer en un lieu où je ne puisse voir les terribles vagues de la mer. Je suis mort de peur !

— Eh non ! dit le nain. Je n'ose pas bouger. Le navire est tellement agité que si je bougeais, je tomberais à l'eau. Mais écoute ce que tu vas faire : si tu ne veux pas voir les vagues, ferme les yeux, et tu ne les verras plus !

— Méchant nain, lâche et moqueur !

Alors l'oiseau se plaignit de son nain, auquel Arthur ordonna d'obéir.

Au moment où il se levait pour couvrir la cage de la couverture de brocart, le vent souffla si fort que le navire fut poussé sur le rivage.

Aussitôt l'oiseau reprit ses chants pour apporter à tous du réconfort, et il chanta si bien qu'ils oublièrent vite leurs souffrances.

Le chevalier débarqua du navire avec ses compagnons. Il prit la parole :

— Seigneurs, y a-t-il quelqu'un parmi vous qui connaisse cette terre ?

— Non, répondirent-ils.

— Alors, écoutez-moi ! dit Arthur. L'aventure est mienne à part entière jusqu'à mon retour à la cour, vous le savez, et vous avez accepté d'être mes compagnons et de m'obéir. Je vais aller explorer le pays, les alentours aussi loin que possible jusqu'à ce que je sache où nous sommes arrivés et quelle est cette terre. Il faudra également veiller à trouver de la nourriture, car nous ne pourrions pas reprendre la mer. Voyez mon cor : si vous l'entendez sonner, venez vite me porter secours, et soyez assurés que je n'en sonnerai point sans grande nécessité !

Les chevaliers insistèrent pour l'accompagner afin de le protéger, mais il leur ordonna de rester sur le navire. On fit alors débarquer le destrier, et sans même mettre le pied sur l'étrier, Arthur se mit en selle, armé de toutes ses armes. Puis il chevaucha allègrement jusqu'au sommet d'une colline. Regardant de tous côtés, il découvrit une tour isolée, à l'orée d'une forêt. Aucune demeure aux alentours, ce qui étonna fort le chevalier. La tour était construite sans fondations, elle était haute et carrée, et bâtie grossièrement. Elle n'avait ni porte ni fenêtre, mais Arthur aperçut un grand trou sur le toit. Il cria à voix haute :

— Toi qui te trouves dans la tour, peux-tu m'indiquer mon chemin ?

Il appela par trois fois et vit alors un vieux nain bossu, aux cheveux blancs, qui sortait la tête de la tour. En voyant le Chevalier à l'Oiseau, le nain fit le signe de la croix. Arthur lui demanda pourquoi, et le nain répondit :

— Je fais le signe de la croix, car depuis des années que je vis ici, je n'ai vu passer aucun homme ni aucune femme. Je suis né sur les terres d'Écosse, et ma femme et moi sommes arrivés sur un navire. Elle était enceinte d'un enfant qui vit ici avec moi, sur cette île. Il est devenu grand et fort, et il porte toujours une grande massue de chêne, si lourde que six hommes auraient peine à la porter. Il vit dans la forêt, tue toute créature qu'il trouve, et me l'apporte pour savoir si c'est une chair bonne à manger. Hélas, il m'apporte souvent des corps d'hommes et de femmes, des chevaliers entièrement armés ou des marins. Il les apporte vêtus et armés comme au moment de leur mort, à leur arrivée sur cette île. Nous n'avons pas de pain, et mon fils mange tant que c'est un prodige. Je lui demande instamment de ne tuer ni homme ni femme : il me le promet, mais n'en fait rien. Mon fils est à vrai dire un peu sot, en dépit de sa taille. Son corps a grandi, mais son intelligence est celle d'un petit enfant, et il n'a aucune mémoire. Les gens le redoutent beaucoup et le fuient, alors il les poursuit, les frappe et les tue. Il se lève le matin et ne revient pas avant le coucher du soleil. Et il est toujours très affamé*.

— Et comment entre-t-il dans la tour ? demanda Arthur.

— Par ces pierres qui dépassent, répondit le nain. Quand je veux sortir il me porte et

* Il s'agit ici de ce que le Moyen Âge appelait « l'homme sauvage », fort redouté, toujours représenté avec une massue.

me ramène, par peur des bêtes féroces qui pourraient me dévorer quand il est loin de moi. Car il m'aime et me craint.

Pourquoi la tour était-elle construite sans porte ni fenêtre et d'où venait le nain ? Arthur lui posa toutes ces questions, et le nain raconta son histoire :

— Seigneur, j'étais le nain et le serviteur du Seigneur des Îles Lointaines. Mon seigneur m'avait emmené avec ma femme, il voulait se rendre à la cour du royaume de Logres car il souhaitait devenir compagnon de la Table Ronde dont on parlait tant. Ma femme était sur le point d'accoucher, et mon seigneur la fit porter à terre. L'angoisse était grande, car personne ne pouvait apporter de l'aide. L'accouchement dura cinq jours, mais au troisième jour déjà le vent se leva, et mon seigneur voulut mettre les voiles. Les marins le pressaient de partir et ils hissèrent les voiles pour le départ. Mon seigneur me demanda si je désirais rester avec ma femme ou monter sur le navire. Je ne voulus pas laisser ma femme et la priver de toute présence ; dans le danger je préférais mourir avec elle. Ainsi mon seigneur nous laissa-t-il de la nourriture pour quinze jours, puis tous partirent en mer, et me voilà depuis lors sur cette île. Peu de temps après la naissance de l'enfant, la mère mourut. Je l'ai enterrée sur ce tertre, avec une grande croix de chêne et un siège fait d'un arbre près de la tombe, mon fils et moi nous allons nous y asseoir bien souvent, et nous prions pour elle. Si vous souhaitez savoir comment nous avons survécu sur cette île sauvage, l'enfant et moi, vous allez entendre de grands prodiges !

11. Le nain, le géant et la licorne

Le nain poursuivit :

— Je vais vous raconter, noble seigneur, une grande merveille, la chose étonnante qui m'est arrivée. Si on me l'avait annoncée, en vérité jamais je ne l'aurais crue ! Quand ma femme fut enterrée, je pris les provisions et enveloppai mon nouveau-né de mon mieux.

J'allais cherchant, çà et là dans le bois, un gros arbre qui pourrait m'abriter contre la pluie pour la nuit. Et je ne savais pas encore qu'il y avait des bêtes sauvages sur l'île ! Je trouvai un arbre creux, suffisamment large pour abriter six chevaliers. Une portée de jeunes animaux s'y trouvait déjà, chacun de ces petits avait une petite corne pointue au milieu du front*. Peu de temps après arriva la mère des petits, une bête d'une taille étonnante, aussi grande qu'un très grand cheval. Au milieu du front elle avait une corne plus acérée qu'une lame. Elle avait quatorze grandes mamelles, beaucoup plus grandes que le pis d'une vache. Comme elle semblait féroce, je m'enfuis terrifié, mais l'enfant me tomba des bras et se mit à hurler. Il était beau et blond, et la bête en prit pitié. Caché derrière les racines de l'arbre, je regardai avec crainte ce qu'elle allait faire de lui. Elle le saisit dans son museau, s'allongea devant lui, si bien que l'enfant saisit une mamelle et se mit à téter. Il but le lait comme si c'était celui de

* Il s'agit des petits de la licorne, animal fabuleux que la littérature et les images médiévales ont souvent mis en scène.

sa mère. Quand il fut rassasié, il s'endormit, et je guettai toute la nuit, n'osant bouger, car je croyais que la bête me tuerait. Elle resta là jusqu'au matin, et l'enfant dormit aux côtés de ses petits. Le lendemain, pendant que la bête cherchait sa pâture, je pris l'enfant, et je l'emmaillotai. Alors la bête revint, mais elle se montra très douce et je pus rester auprès d'elle. Et écoutez ce prodige : quand mon nouveau-né et les petits furent allaités, la bête qui voyait ma petite taille s'imagina que j'étais également un enfant, et elle poussa ma tête vers l'une de ses mamelles ! J'avais très soif et son lait me sembla le meilleur et le plus doux que j'aie jamais goûté.

Voici quelle fut ma vie, tant que durèrent les provisions que mon seigneur m'avait laissées. Mon enfant profitait du lait, et vous voyez sa taille maintenant ! Quant à moi, je n'ai pas grandi… Mais une fois les provisions épuisées, je me sentis tout faible, car je ne pouvais vivre uniquement de lait. Un jour un cerf passa devant nous. Je me dis : « Ah ! si j'avais maintenant une cuisse rôtie de ce beau cerf ! » La licorne nous protégeait, moi et ses petits, elle vit le cerf qui me regardait et eut peur pour moi et ses petits. Elle se précipita sur le cerf et le frappa de sa corne très violemment, si bien qu'elle le coupa en deux ! J'étais fou de joie : j'allais pouvoir manger de la viande. Je pris un morceau de bois et creusai le sol de façon à faire un foyer. Je fis du feu avec ma pierre à feu. La licorne passait partout où j'allais, pour me protéger des autres animaux. Voyez l'amour qu'elle m'a témoigné et d'ailleurs, chaque jour, elle passe encore devant cette tour, au moins une fois.

Au bout d'un an, la bête n'eut plus de lait, et mon fils apprit à manger de la viande. J'avais bien apprivoisé la licorne, qui m'aimait comme une mère aime son enfant. Elle faisait tout ce que je lui indiquais et tuait pour moi des cerfs, des ours et d'autres animaux sauvages dont nous nous nourrissions, mon fils et moi. Voilà comment s'est passée ma vie depuis vingt ans, et je ne saurais comment sortir de ce lieu, sinon par voie de mer.

À vingt ans, mon fils est si grand et fort qu'il est capable d'arracher un gros arbre avec toutes ses racines. Et comme il y a beaucoup de pierres ici et du sable, je me suis dit que nous pourrions y édifier une tour. Mon fils a porté les pierres et le sable. Cette tour, vous le voyez, a été construite haute et sans porte. En effet, quand mon fils s'en va parcourir les bois, les bêtes sauvages pourraient s'emparer de moi et me dévorer s'il y avait une porte au bas de la tour. Voilà, cher seigneur, toute la vérité.

— Nain, conseille-moi ! dit le chevalier. J'aimerais voir ton fils, et si nous pouvions sortir de cette île, et si tu m'accompagnais avec lui, je pourrais t'amener vers ton seigneur, le Seigneur des Îles Lointaines, car il doit encore être en vie !

En entendant ces mots, le nain fut inondé de bonheur.

— Noble seigneur, qui êtes-vous et comment êtes-vous arrivé ici ? Savez-vous où nous pourrions trouver un navire ? Racontez-moi toute votre aventure puisque je vous ai raconté la mienne !

Alors le Chevalier à l'Oiseau Merveilleux lui raconta toutes ses aventures, dans les moindres détails. Il lui dit pourquoi et comment il était arrivé sur l'île sauvage. Et le nain s'écria :

— Ah, noble roi Arthur, fleur des chevaliers, je sais maintenant que Dieu ne m'a pas oublié puisque vous allez me montrer mon seigneur bien vivant et que vous avez un navire pour faire la traversée. Attendons le retour de mon fils : avec l'aide de Dieu et des marins, il est assez fort pour tirer le navire avec une corde le long du rivage, si bien que nous atteindrons le fleuve que nous traverserons alors à la force des rames.

Le jeune roi éprouva une grande joie, car il n'aurait pas su, en vérité, comment quitter l'Île Déserte. Il passa toute la journée jusqu'au coucher du soleil à converser avec le nain de la tour. C'est à ce moment-là que le fils du nain, qui se nommait Géant sans Nom, car il n'était pas encore baptisé, arriva à vive allure. Il portait dans une main un ours qu'il avait tué, de l'autre il tenait sa massue. En apercevant le roi sur son destrier de belle taille, il crut que les deux n'étaient qu'un seul animal : il prit peur, car il n'avait jamais rien vu de tel. Il laissa tomber son ours, prit sa massue à deux mains et la leva très haut, de sorte que la terre trembla sous ses pieds.

Le nain poussa de grands cris :

— Ah, mon cher enfant, Géant sans Nom, calme-toi et écoute ! Regarde cet homme, mon cher enfant, et ne lui fais aucun mal. C'est ton seigneur et le mien, après Dieu, et il est venu nous chercher. Tu ne feras aucun mal à ses compagnons, et je te prie de me le porter là-haut, car je veux l'embrasser !

Alors le géant dit au chevalier :

— Seigneur, soyez le bienvenu ! Puisque mon père dit que vous êtes mon seigneur, je ne vous ferai pas de mal. Mais dites-moi une chose : qui vous a donné une cotte ainsi faite, et de quoi est-elle faite ?

— Porte-moi là-haut, Géant sans Nom, dit Arthur, et je répondrai à toutes tes questions.

Arthur craignait le géant qu'il voyait grand et fort : apparemment il avait bien peu de bon sens et d'intelligence*. Le géant ramassa l'ours qu'il avait laissé tomber, puis il vint

* Cette scène d'homme sauvage qui ignore la nature de la cotte est un écho de la fameuse scène où Perceval rencontre pour la première fois des chevaliers dans la forêt et demande s'ils sont nés pourvus de leur armure.

vers le chevalier qui avait déjà ôté la bride et la selle de son destrier pour le laisser paître.

Le géant saisit alors le chevalier aussi aisément qu'un enfant et il l'emporta tout armé dans la tour. Le nain tomba à ses pieds, manifestant la plus grande joie du monde.

— Seigneur, vous êtes le troisième être humain entré dans cette tour. Nul n'y a jamais pénétré sauf moi, mon fils et vous-même !

Le nain ordonna à son fils de s'incliner aux pieds du roi Arthur et de lui manifester sa soumission afin de lui apprendre les règles du monde. Ainsi, Géant sans Nom rendit hommage au roi et lui promit fidélité : désormais il ferait ce qu'il lui plairait et ce qu'il ordonnerait. Ils parlèrent de leur projet, de la façon dont ils le mèneraient à bien, puis ils se couchèrent et se reposèrent jusqu'au lendemain.

Au lever du jour, le roi, le géant et le nain se levèrent. Une fois à cheval, le roi installa le nain devant lui, le géant allait à pied, sa massue à la main, et à son cou il avait attaché toutes ses affaires. Alors qu'ils se rendaient au navire, la licorne qui avait allaité le géant se dirigea vers la tour, comme à son ordinaire, car elle aimait voir le géant qu'elle considéra comme son fils. Elle venait volontiers le matin. Elle suivit donc le géant, afin de l'aider s'il en avait besoin. Voyez l'amour qu'elle lui portait !

12. Retour triomphal à la cour

Ainsi, le Chevalier à l'Oiseau Merveilleux s'en retourna vers le navire. Il portait sur sa monture le nain, et à sa suite marchait Géant sans Nom accompagné de la licorne. À leur vue, les chevaliers et les marins se sentirent partagés entre la joie et la terreur. La joie puisqu'ils retrouvaient leur seigneur sain et sauf, et la terreur non seulement à cause du géant qui leur semblait immense, mais aussi à cause de la licorne, animal étonnant dont ils avaient entendu parler, mais qu'ils n'avaient encore jamais vu !

Le chevalier donna ses ordres, expliqua aux marins ce qu'il fallait faire. On prit des cordes qui furent jetées hors des navires après avoir été attachées au mât et à la coque. Le géant saisit l'un des bouts de la corde et l'attacha autour du poitrail de la licorne, et il noua l'autre bout autour de ses propres épaules. Il gardait toujours sa massue à la main. Le chevalier et le nain montèrent sur le navire. Le géant et la licorne tiraient le navire avec l'aide des marins, et bientôt il fut remis à l'eau. Le géant monta alors sur le pont, et la licorne, voyant que son géant y était monté, entra à sa suite. Les hommes se mirent à ramer pour dépasser le fleuve dont l'eau était impétueuse et profonde.

Après une longue traversée, ils aperçurent une belle contrée. Le Chevalier à l'Oiseau Merveilleux connaissait le pays ! Il descendit du navire avec ses compagnons. Après avoir chevauché quelque temps, ils aperçurent l'Amoureuse-Cité où demeurait la Dame aux Cheveux Blonds qui les reçut avec des égards extraordinaires. Le Chevalier à l'Oiseau envoya un message au château où se trouvait Lion sans Pitié, pour lui dire que le roi Arthur en personne lui faisait dire de se trouver à la cour avec ses chevaliers, comme il l'avait promis, le jour de la Pentecôte où le roi tiendrait sa cour. Lion sans Pitié répondit qu'il le ferait volontiers : à vrai dire il attendait ce message depuis longtemps. Tous allèrent dormir, et cette nuit-là le Chevalier à l'Oiseau Merveilleux se reposa aux côtés de la Dame aux Cheveux Blonds. Leur joie fut grande.

Le lendemain matin, à l'aube, le chevalier prit congé avec ses compagnons. Ils chevauchèrent longtemps sans trouver de nouvelle aventure et ils arrivèrent en Bretagne, au château du roi Arthur, la veille de la Pentecôte. Le roi Arthur y retrouva le roi Lot, à qui il avait confié le royaume, et tous les chevaliers de la Table Ronde étaient présents, Gauvain, Agravain, Yvain et bien d'autres.

Le roi Arthur fut accueilli par des cris de joie. Tous se réjouissaient de retrouver leur jeune souverain, et la cour était émerveillée par les étonnantes créatures qu'il avait ramenées de ses aventures. Par sa vaillance, son audace et sa générosité, il jouissait de l'estime de tous.

Ainsi, le roi Arthur était revenu chez lui, et le souper se déroula dans la joie. Après le repas, tous allèrent se reposer. Le matin de la Pentecôte, le roi Arthur rassembla la cour la plus somptueuse qu'un roi ait jamais réunie. Et pendant le festin, l'Oiseau Merveilleux chanta si délicieusement toutes les aventures qui étaient arrivées au roi Arthur que ceux qui étaient présents en étaient stupéfiés, au point d'en oublier le boire et le manger ! Quand l'oiseau eut cessé de chanter, Lion sans Pitié entra dans la salle avec ses chevaliers superbement vêtus, comme le roi l'avait ordonné. Il raconta publiquement son aventure devant tous les seigneurs et proclama sa soumission au roi. On leur fit grand honneur et on les installa dans la salle. On parlait également des merveilles de l'oiseau magique qui avait participé à toutes les aventures du roi Arthur.

Après le repas, lorsque les tables furent rangées, le roi fit baptiser Géant sans Nom : il l'adouba chevalier ainsi que de nombreux autres jeunes gens avec lui. À vrai dire, il fallut d'abord transformer le géant en un homme courtois, il fallut le baigner et le raser. Sa peau apparut alors fraîche et belle. Les dames et demoiselles du château admiraient la prestance de cet homme à la taille surprenante. Il fallut aussi lui apprendre les manières de table, l'usage du vin que seuls les hommes éduqués savent consommer. Il apprit à s'habiller élégamment et à faire la cour aux dames. Le nain, son père, était fou de joie.

Les hôtes de marque ne manquèrent pas à ces festivités, à commencer par le roi d'Irlande qui avait amené avec lui sa fille Guenièvre, d'une beauté admirable. Le roi Arthur en fut charmé. Comme il avait maintenant accompli toutes ses aventures, il n'avait plus qu'un souci : régner en bon souverain, aux côtés d'une épouse aussi généreuse que lui. Il pensait parfois encore à la Dame aux Cheveux Blonds, mais Guenièvre était encore plus belle, elle était faite pour être reine. L'avenir souriait à Arthur.

Au terme des quinze jours, la cour se sépara. Le roi Arthur distribua de nombreux présents, de l'or et de l'argent, et il combla les désirs de chacun. Tous, petits et grands, en furent heureux. Chacun retourna dans son pays puisque le jeune roi Arthur avait accompli les premières grandes aventures de son règne.

Index des noms de personnes, de lieux et de festivités

Les principaux noms cités ici apparaissent dans bien d'autres romans arthuriens, depuis Chrétien de Troyes et jusqu'à la fin du Moyen Âge.

Amoureuse-Cité : domaine de la Dame aux Cheveux Blonds.

Arthur : fils d'Uterpendragon, souverain de la Table Ronde, apprécié pour ses qualités de largesse, de générosité et de justice. Il est ici le héros du roman.

Ascension : l'une des dates rituelles où se déroulent les festivités à la cour d'Arthur.

Belnain : le roi Belnain, père de Fleur-des-Monts ; le roi fantôme qui apparaît à Arthur sous la forme d'un animal merveilleux.

Camalot : résidence d'Arthur, à l'entrée du royaume de Logres.

Chevalier de la Lande Déserte : premier adversaire d'Arthur, il est envoyé captif à la cour du royaume de Logres.

Chevalier de la Mer : chevalier mi-homme mi-cheval, à l'apparence de centaure, l'un des plus redoutables adversaires d'Arthur.

Chevalier-Géant : l'un des adversaires d'Arthur.

Dame aux Cheveux Blonds : fée souveraine de l'Amoureuse-Cité, elle est fort amoureuse d'Arthur.

Excalibur : nom de l'épée d'Arthur.

Fleur-des-Monts : fille du roi Belnain.

Géant le Redouté : l'un des adversaires d'Arthur, frère du Chevalier-Géant.

Géant sans Nom : fils du nain sur l'Île Déserte, orphelin de mère, il est nourri par une licorne, il sera baptisé et fait chevalier à la cour d'Arthur.

Île Forte : il s'agit d'un lieu fortifié et difficile d'accès (au Moyen Âge, le mot « île » ne désigne pas forcément une île), royaume du roi Belnain et de sa fille Fleur-des-Monts.

Lion sans Pitié : maintient sous sa domination tyrannique tout un royaume, impose l'épreuve de l'oiseau magique (écho de l'épreuve de l'Épervier chez Chrétien de Troyes).

Logres : royaume d'Angleterre qui devient le royaume d'Arthur, voir carte page 4.

Merlin : l'enchanteur né de l'union d'un incube, c'est-à-dire un démon mâle, et d'une jeune fille ; possède le don de prophétie et de métamorphose ; favorise la conception d'Arthur, son avènement et son sacre ; instaure la Table Ronde.

Nain : compagnon d'Arthur dans ses aventures, a pour fonction de veiller sur l'Oiseau Merveilleux.

Nain (rencontré sur l'Île Déserte) : vassal du Seigneur des Îles Lointaines, père de Géant sans Nom.

Noble-Pucelle : la dame qui reçoit volontiers les chevaliers errants, douée d'un art particulier pour guérir les blessures.

Oiseau Merveilleux : fidèle compagnon d'Arthur, « Papegau » en langue du Moyen Âge, sorte de perroquet au plumage fort apprécié pour ses couleurs. L'oiseau exotique était souvent offert en cadeau au Moyen Âge. Ici pourvu de qualités véritablement courtoises : éloquence, dons de la musique, chant et composition.

Pentecôte : l'une des dates rituelles où se déroulent les festivités à la cour d'Arthur.

Octave : la durée de huit jours durant lesquels on commémore la fête.

Seigneur des Îles Lointaines : seigneur du nain de l'Île Déserte, veut se rendre à la cour prestigieuse du roi Arthur.

Table Ronde : Merlin, le prophète, a institué une Table durant le règne d'Uterpendragon, père d'Arthur ; autour d'elle se rassemblent de nombreux chevaliers appelés « chevaliers de la Table Ronde ».

Toute-Belle : la jeune messagère qui vient requérir l'aide d'Arthur pour Fleur-des-Monts assiégée.

Uterpendragon : père d'Arthur. Amoureux d'Ygerne, épouse du duc de Tintagel. Obtient de Merlin la faveur d'une nuit d'amour au cours de laquelle est engendré le jeune Arthur. Après la mort du duc de Tintagel, il épouse Ygerne.

Pour en savoir plus

Lorsque vous aurez découvert comment Arthur est parti en quête de ses premières aventures et comment il est revenu victorieux à la cour, et si vous voulez connaître les prodigieuses aventures que les chevaliers de la Table Ronde ont voulu affronter à leur tour pour suivre l'exemple de leur roi, vous pourrez lire dans la même collection :

Yvain, le Chevalier au Lion, de Camille Sander d'après Chrétien de Troycs, Castor Poche n°634 (comme Arthur, Yvain prend un lion comme fidèle compagnon et ils vivent ensemble leurs aventures).

Perceval ou le Conte du Graal, de Camille Sander d'après Chrétien de Troyes, Castor Poche n° 771 (Perceval apprend tous les usages de la vie des chevaliers et devient le roi du Graal).

Et vous pourrez lire plus tard :

La Légende arthurienne. Le Graal et la Table Ronde, sous la direction de Danielle Régnier-Bohler, coll. « Bouquins », Laffont, 1989 (nombreuses réimpressions), traduction de quinze récits arthuriens.

Ainsi que la traduction de tous les romans de Chrétien de Troyes :

Œuvres complètes, Chrétien de Troyes, coll. «Bibliothèque de la Pléiade», Gallimard.

Romans, Chrétien de Troyes, coll. «Pochothèque», Le Livre de poche.

Sur les sources et la vie littéraire du Moyen Âge :

Les Littératures celtiques, Pierre-Yves Lambert, coll. « Que sais-je ? » n° 809, PUF, 1981.

Le Merveilleux dans la littérature française du Moyen Âge, Daniel Poirion, coll. « Que sais-je ? » n° 1938, PUF, 1982.

Pour les éléments de civilisation du Moyen Âge :

La Vie quotidienne en France et en Angleterre au temps des chevaliers de la Table

Ronde, Michel Pastoureau, Hachette, 1976 (réédition 1993).

Figures de l'héraldique, Michel Pastoureau, coll. « Découvertes », Gallimard, 1996.

Le Moyen Âge à table, Bruno Laurioux, Adam Biro, 1989.

Et n'oubliez pas d'aller au cinéma pour voir :
Perceval le Gallois d'Éric Rohmer ;
Excalibur de John Boorman ;
Lancelot du Lac de Robert Bresson.

Table des matières

Camille Sander

L'auteur, d'origine alsacienne, a vécu dans plusieurs pays. Elle est actuellement professeur de littérature du Moyen Âge à l'université et spécialiste des récits de chevalerie. Elle a fondé à la Sorbonne nouvelle un enseignement sur la littérature de jeunesse. Active dans le monde de l'édition, elle a fait publier de nombreux ouvrages et a participé pendant plusieurs années à des émissions de France-Culture. Elle a raconté avec passion à ses enfants des légendes de tous les pays du monde et elle collabore volontiers avec les ethnologues et les anthropologues.

Frédéric Sochard

L'illustrateur est né en 1966. Après des études aux Arts Décoratifs, il travaille comme infographiste, et fait de la communication d'entreprise, ce qui lui plaît beaucoup moins que ses activités parallèles de graphiste traditionnel : création d'affiches et de pochettes de CD. Depuis 1996, il s'auto-édite, et vend « ses petits bouquins » sur les marchés aux livres, de la poésie… Pour le plaisir du dessin, il s'oriente depuis deux ans environ vers l'illustration de presse ; il débute dans l'édition avec Castor Poche. Et avec tout ça, il a trouvé le temps de faire deux expositions de peinture…

Vivez au cœur de vos

passions

- La vie en vrai
- Passion cheval
- Voyage au temps de...
- Aventure
- Histoires d'ailleurs
- Contes, Légendes et Récits
- Policier
- Humour
- Théâtre

Cet
ouvrage,
le neuf cent
cinquante-deuxième
de la collection
CASTOR POCHE,
a été achevé d'imprimer
sur les presses de l'imprimerie
Maury Eurolivres
Manchecourt - France
en août 2007

Dépôt légal : novembre 2003.
N° d'édition : L01EJENFP1640B002.
Imprimé en france.
ISBN : 978-2-0816-1640-0
ISSN : 0763-4497
Loi n° 49-956 du 16 juillet 1949
sur les publications destinées à la jeunesse